国家社会科学基金青年项目（20CJY016）
辽宁省教育厅科学研究经费项目（LQN202034）阶段研究成果

国家"双一流"建设学科
辽宁大学应用经济学系列丛书
===== 青年学者系列 =====
总主编◎林木西

中国养老保险基金投资组合及回报研究

The Analysis on the Investment Return of Pension Funds in China

柳如眉　著

中国财经出版传媒集团
经济科学出版社
Economic Science Press

图书在版编目（CIP）数据

中国养老保险基金投资组合及回报研究/柳如眉著
. —北京：经济科学出版社，2021. 12
（辽宁大学应用经济学系列丛书. 青年学者系列）
ISBN 978 - 7 - 5218 - 3178 - 8

Ⅰ. ①中…　Ⅱ. ①柳…　Ⅲ. ①养老保险基金 - 投资 -
研究 - 中国　Ⅳ. ①F832. 21②F832. 48

中国版本图书馆 CIP 数据核字（2021）第 248409 号

责任编辑：于　源　侯雅琦
责任校对：隗立娜
责任印制：范　艳

中国养老保险基金投资组合及回报研究

柳如眉　著

经济科学出版社出版、发行　新华书店经销
社址：北京市海淀区阜成路甲 28 号　邮编：100142
总编部电话：010 - 88191217　发行部电话：010 - 88191522
网址：www. esp. com. cn
电子邮箱：esp@ esp. com. cn
天猫网店：经济科学出版社旗舰店
网址：http：//jjkxcbs. tmall. com
北京季蜂印刷有限公司印装
710×1000　16 开　11 印张　160000 字
2022 年 4 月第 1 版　2022 年 4 月第 1 次印刷
ISBN 978 - 7 - 5218 - 3178 - 8　定价：50. 00 元

总　序

　　本丛书为国家"双一流"建设学科"辽宁大学应用经济学"系列丛书，也是我主编的第三套系列丛书。前两套系列丛书出版后，总体看效果还可以：第一套是《国民经济学系列丛书》（2005年至今已出版13部），2011年被列入"十二五"国家重点出版物出版规划项目；第二套是《东北老工业基地全面振兴系列丛书》（共10部），在列入"十二五"国家重点出版物出版规划项目的同时，还被确定为2011年"十二五"规划400种精品项目（社科与人文科学155种），围绕这两套系列丛书取得了一系列成果，获得了一些奖项。

　　主编系列丛书从某种意义上说是"打造概念"。比如说第一套系列丛书也是全国第一套国民经济学系列丛书，主要为辽宁大学国民经济学国家重点学科"树立形象"；第二套则是在辽宁大学连续主持国家社会科学基金"八五"至"十一五"重大（点）项目，围绕东北（辽宁）老工业基地调整改造和全面振兴进行系统研究和滚动研究的基础上持续进行探索的结果，为促进我校区域经济学学科建设、服务地方经济社会发展做出贡献。在这一过程中，既出成果也带队伍、建平台、组团队，使得我校应用经济学学科建设不断跃上新台阶。

　　主编这套系列丛书旨在使辽宁大学应用经济学学科建设有一个更大的发展。辽宁大学应用经济学学科的历史说长不长、说短不短。早在1958年建校伊始，便设立了经济系、财税系、计统系等9个系，其中经济系由原东北财经学院的工业经济、农业经济、贸易经济三系合成，财税系和计统系即原东北财经学院的财信系、计统系。1959年院系调整，将经济系留在沈阳的辽宁大学，将财税系、计统系迁到大连组建辽宁财经学院（即现东北财经大学前身），将工业经济、农业经济、贸易经济三个专业的学生培养到毕业为止。由此形成了辽宁大学重点发展理论经济学（主要是政治经济学）、辽宁财经学院重点发展应用经济学的大体格局。实际上，后来辽宁大学也发展了应用经济学，东北财经大学也发展了理论经济学，发展得都不错。1978 年，辽宁大学恢复招收工业经济本科生，1980 年受人民银行总行委托、经教育部批准开始招收国际金融本科生，1984 年辽宁大学在全国第一批成立了经济管理学院，增设计划统计、会计、保险、投资经济、国际贸易等本科专业。到 20世纪 90 年代中期，辽宁大学已有西方经济学、世界经济、国民经济计划与管理、国际金融、工业经济 5 个二级学科博士点，当时在全国同类院校似不多见。1998 年，建立国家重点教学基地"辽宁大学国家经济学基础人才培养基地"。2000 年，获批建设第二批教育部人文社会科学重点研究基地"辽宁大学比较经济体制研究中心"（2010 年经教育部社会科学司批准更名为"转型国家经济政治研究中心"）；同年，在理论经济学一级学科博士点评审中名列全国第一。2003 年，在应用经济学一级学科博士点评审中并列全国第一。2010 年，新增金融、应用统计、税务、国际商务、保险等全国首批应用经济学类专业学位硕士点；2011年，获全国第一批统计学一级学科博士点，从而实现经济学、统计学一级学科博士点"大满贯"。

在二级学科重点学科建设方面，1984 年，外国经济思想史（即后来的西方经济学）和政治经济学被评为省级重点学科；1995 年，西方经济学被评为省级重点学科，国民经济管理被确定为省级重点扶持学科；1997 年，西方经济学、国际经济学、国民经济管理被评为省级重点学科和重点扶持学科；2002 年、2007 年国民经济学、世界经济连续两届被评为国家重点学科；2007 年，金融学被评为国家重点学科。

在应用经济学一级学科重点学科建设方面，2017 年 9 月被教育部、财政部、国家发展和改革委员会确定为国家"双一流"建设学科，成为东北地区唯一一个经济学科国家"双一流"建设学科。这是我校继

1997 年成为"211"工程重点建设高校 20 年之后学科建设的又一次重大跨越,也是辽宁大学经济学科三代人共同努力的结果。此前,2008 年被评为第一批一级学科省级重点学科,2009 年被确定为辽宁省"提升高等学校核心竞争力特色学科建设工程"高水平重点学科,2014 年被确定为辽宁省一流特色学科第一层次学科,2016 年被辽宁省人民政府确定为省一流学科。

在"211"工程建设方面,在"九五"立项的重点学科建设项目是"国民经济学与城市发展"和"世界经济与金融","十五"立项的重点学科建设项目是"辽宁城市经济","211"工程三期立项的重点学科建设项目是"东北老工业基地全面振兴"和"金融可持续协调发展理论与政策",基本上是围绕国家重点学科和省级重点学科而展开的。

经过多年的积淀与发展,辽宁大学应用经济学、理论经济学、统计学"三箭齐发",国民经济学、世界经济、金融学国家重点学科"率先突破",由"万人计划"领军人才、长江学者特聘教授领衔,中青年学术骨干梯次跟进,形成了一大批高水平的学术成果,培养出一批又一批优秀人才,多次获得国家级教学和科研奖励,在服务东北老工业基地全面振兴等方面做出了积极贡献。

编写这套《辽宁大学应用经济学系列丛书》主要有三个目的:

一是促进应用经济学一流学科全面发展。以往辽宁大学应用经济学主要依托国民经济学和金融学国家重点学科和省级重点学科进行建设,取得了重要进展。这个"特色发展"的总体思路无疑是正确的。进入"十三五"时期,根据"双一流"建设需要,本学科确定了"区域经济学、产业经济学与东北振兴""世界经济、国际贸易学与东北亚合作""国民经济学与地方政府创新""金融学、财政学与区域发展""政治经济学与理论创新"五个学科方向。其目标是到 2020 年,努力将本学科建设成为立足于东北经济社会发展、为东北振兴和东北亚区域合作做出应有贡献的一流学科。因此,本套丛书旨在为实现这一目标提供更大的平台支持。

二是加快培养中青年骨干教师茁壮成长。目前,本学科已形成包括长江学者特聘教授、国家高层次人才特殊支持计划领军人才、全国先进工作者、"万人计划"教学名师、"万人计划"哲学社会科学领军人才、国务院学位委员会学科评议组成员、全国专业学位研究生教育指导委员会委员、文化名家暨"四个一批"人才、国家"百千万"人才工程入选者、国家级教学名师、全国模范教师、教育部新世纪优秀人才、教育部高等学校教学指导委员会主任委员和委员、国家社会科学基金重大项目首席专家等在内的学科团队。本丛书设学术、青年学者、教材、智库四个子系列，重点出版中青年教师的学术著作，带动他们尽快脱颖而出，力争早日担纲学科建设。

三是在新时代东北全面振兴、全方位振兴中做出更大贡献。面对新形势、新任务、新考验，我们力争提供更多具有原创性的科研成果、具有较大影响的教学改革成果、具有更高决策咨询价值的智库成果。丛书的部分成果为中国智库索引来源智库"辽宁大学东北振兴研究中心"和"辽宁省东北地区面向东北亚区域开放协同创新中心"及省级重点新型智库研究成果，部分成果为国家社会科学基金项目、国家自然科学基金项目、教育部人文社会科学研究项目和其他省部级重点科研项目阶段研究成果，部分成果为财政部"十三五"规划教材，这些为东北振兴提供了有力的理论支撑和智力支持。

这套系列丛书的出版，得到了辽宁大学党委书记周浩波、校长潘一山和中国财经出版传媒集团副总经理吕萍的大力支持。在丛书出版之际，谨向所有关心支持辽宁大学应用经济学建设与发展的各界朋友，向辛勤付出的学科团队成员表示衷心感谢！

林木西

2019 年 10 月

前　言

　　金融市场投资，主要包括资产配置、投资组合和风险管理等内容，一直是金融学研究的重要领域。养老保险基金投资以其独有的特征和规律，引起了众多经济学家的浓厚兴趣，近年来发展成为现代金融理论研究的热点问题。本书根据中国新兴金融市场现状和发展趋势，对养老保险基金投资回报进行了理论和实证分析。为了更清晰理解本书的研究内容，下面先回顾一下资产配置的金融数学模型。假设一个金融账户中存有一笔资金——养老保险基金，它需要在金融市场上进行投资并获得投资收益。金融市场有 n 种投资工具可供选择，集合为 $X = \{x_1, x_2, \cdots, x_n\}$，资产配置到各种投资工具中的权重向量为 $w = (w_1, w_2, \cdots, w_n)$，资产的增值和安全等需求用数学函数 $s(w)$ 来表示，养老保险基金的最优投资组合表示为 $w^* = \mathrm{argmin} s(w)$。本书所研究的正是中国养老保险基金投资组合及其回报问题。

　　根据问题域，本书主要研究和解决三个问题。第一，本书将经典均值方差投资组合模型和风险收益投资组合模型结合起来，研究构建了新兴市场条件下中国养老保险基金的最优投资组合模型。在此基础上，本书利用局域搜索算法和门槛接受算法等方法研究和解决投资组合中的线性和非线性最优化问题。第二，在投资组合模型基础上，本书对中国养老保险基金的投资回报率进行了实证研究。根据现实数据，重点研究了股票和债券两种投资工具的回报率和市场波动率变化。根据时间序列数据的实证分析，股票投资回报率较高，但市场波动率也相应较大；相比之下，债券是一个相对稳定的投资工具，但其回报率显著低于股票的回报率。根据投资组合模型和对股票—债券投资组合比例的实证分析，目前养老保险基金投资股票的比例应低于30%，而投资债券的比例却没有这种限制。在股票投资组合模型中，利用风险收益比（Rachev比率）作为目标函数进行分析，实证结果表明中国各行业的股票权重存在较大差异，制造业和金融业处于领先地位。第三，根据底线安全特性，本书对中国养老保险基金投资回报的风险管理进行了实证研究。首先，分析养老保险基金投资面临的主要风险，并利用风险价值（VaR）和预期损失（ES）两种工具对养老保险基金投资进行风险测度；其次，研究养老保险基金投资动态最优风险管理问题，主要包括控制利率风险和通货膨胀风险，并利用时间序列数据对金融市场投资的利率风险和通货膨胀风险的演化过程及规律进行实证模拟；最后，根据随机最优控制理论与方法构建了动态最优资产配置模型，提出养老保险基金投资的动态最优资产配置的理论表达式，为中国养老保险基金投资的动态最优风险管理提供了理论解释。

本书除在有限市场理论假说的基础上提出新兴市场养老保险基金投资选择理论的理论观点创新外，上述三部分研究内容也可视为本书的重要创新点。政策的限制和数据的不可获得性导致本书的研究存在某种局限性，如养老保险基金的海外投资限制、基本建设投资和房地产投资的样本数据缺失等，但本书的模型和研究结论总体上还是可靠且令人信服的。此外，本书在实证研究过程中还有一些令人欣喜的发现，例如，中国股票市场的回报率及其波动性可以根据较长的时间序列数据进行拟合，基于随机最优控制理论和方法可以对养老保险基金投资进行动态最优资产配置等，这些新发现为本领域的后续研究打开了全新的窗口。

目　录

第一章

绪　　论

第一节　研究背景及研究意义

一、研究背景

（一）政策背景

养老保险基金是养老保险制度的最核心资产，是退休人员和老年居民维持基本生活的主要经济来源。养老保险制度的完善与养老保险基金的有效投资运营不仅有助于实现中国社会政策目标，而且也对社会福利的帕累托改进、缩小收入差距和稳定社会秩序都具有十分重要的作用。养老保险基金早期主要投资在银行和国债等低收益金融资产中，虽然安全性得到了保证，但是投资回报率偏低，甚至低于同期的通货膨胀率。在人口老龄化不断加剧的背景下，老年抚养比的逐步上升导致基础养老金出现了收支缺口，以养老保险基金为主的社会负担日愈加重。在这种情况下，全面推进养老保险基金投资市场化进程并提高投资回报已迫在眉睫。2012 年 3 月，广东省作为养老保险基金进行证券投资的试点地区，已有上千亿的养老保险基金确定进行市场化投资运营；山东省紧随其后，与全国社会保障基金会签订了养老保险基金委托代理投资合同，拉开了市场化投资的序幕。2015 年 8 月，国务院正式颁布了《基本养老保险基金投资管理办法》，为养老保险基金的投资运营提供了政策依据。2016 年 3 月，《全国社会保障基金条例》出台，为养老保险基金投资运营提供了明确的制度安排，推动了养老保险基金投资的市场化进程。2018 年，人力资源和社会保障部部长尹蔚民在《全面建成多层次社会保障体系》一文中明确提出："今后一个时期，为积极应对人口老龄化，必须全面推进养老保险制度改革……推进养老保险基金投资运营，努力实现基金保值增值。积极稳妥推进划转部分国有资本充实社保基金，进一步夯实制度可持续运行的物质基础。"在宏观经济动态运行中，加强养老保险基金市场化管理和投资，不仅有助于逐步提高养老保障水平和切实保护人民群众的切身利益，而且对全面建成小康社会和建设社会主义现代化强国都具有重要的现实价值和长远意义。

（二）现实背景

中国是世界人口大国，也是人口老龄化最严重的国家之一。2017 年中国 65 岁及以上的老年人口数量为 1.58 亿人，占总人口的比重为 11.4%，是世界上老年人口数量最多的国家①。根据联合国《世界人口展望 2017》的人口预测，21 世纪初中国已进入老龄化率超过 7% 的老龄化社会（Ageing society），2025 年左右将进入老龄化率超过 14% 的老龄社会（Aged society），2035 年左右将进入老龄化率超过 20% 的超老龄社会（Hyper-aged society）。

在人口老龄化不断加剧的情况下，中国的社会统筹养老金已出现了财务收支缺口。全国目前已有黑龙江、辽宁、河北等 20 多个省份的社会统筹出现了收支缺口。伴随人口老龄化危机的不断加重和老年抚养比

---

① 国家统计局：《中华人民共和国 2017 年国民经济和社会发展统计公报》，http：// www. gov. cn/xinwen/2018 － 02/28/content_5269506. htm。

的逐步上升，全国养老保险基金的收支失衡还将进一步扩大。根据国家统计局的年度统计数据，从 2014 年开始，全国基本养老保险基金征缴收入持续低于同期养老保险基金支出。例如，2016 年全国养老保险基金征缴收入为 2.85 万亿元，而养老保险基金支出为 3.4 万亿元，基金收支缺口高达 0.55 万亿元。

中国是新兴市场国家，人口老龄化不仅速度快，而且还呈现出未富先老的特点。中国大多数老年人口退休期的个人资产严重不足，主要依靠政府社会福利给付维持退休期的消费需求，养老金是他们的最主要收入来源。在这种情况下，如果个人账户养老金不能进行有效投资运营并获得较高的投资回报，个人账户养老金就存在无法实现保值增值甚至贬值的风险，这就会降低老年人口的养老金替代率水平，从而导致养老金实际购买力下降。养老金替代率的降低不仅会导致消费下滑，无法有效满足老年人口在退休期的基本生活需求，而且还可能使其陷入贫困陷阱。

综上所述，加强养老保险基金投资运营并提高投资回报，不仅是有效应对人口老龄化危机和实现养老保险基金长期财务收支平衡的根本要求，也是确保个人账户养老金保值增值和提高养老金替代率水平，为老年人口提供适度的养老保障并有效规避老年贫困风险的重要保证。

二、研究意义

养老保险制度作为关系国计民生和提高人民福祉的重要制度，养老保险基金的投资效率和保值增值能力对调节收入差距和促进社会公平，都具有现实性和必要性。如何完善基本养老保险制度，以及加强基金管理运营并提高投资回报，是中国养老保险制度有效运行和化解人口老龄化风险的关键。现阶段，中国养老保险体系已基本建立，养老保险基金总量逐年扩大。然而，中国养老保险基金的投资效率却明显偏低，这不仅不利于养老保险基金的保值增值，而且会导致养老保险基金面临各种系统性和非系统性风险，如利率波动和通货膨胀。在这种情况下，对中国养老保险基金投资回报进行理论和实证研究，探索新兴市场环境下的养老保险基金投资模式及其回报率，以提高养老保险基金投资效率并化解人口老龄化造成的养老金支付风险，具有紧迫性、必要性，以及十分重要的理论意义和现实价值。养老保险基金的市场化投资运营对于金融市场长期投资具有重要的导向作用，有助于提高金融市场的成熟度并推动市场机制的进一步成熟与发展。伴随金融市场的不断发展和深化改革，金融创新产品的增加，以及资本投资体制机制的日趋理性和成熟，中国养老保险基金的市场化投资运营必将迎来更加广阔的发展空间。因此，研究养老保险基金投资组合模型及其回报率，对于丰富金融学理论和学科形态的发展，也具有十分重要的理论和现实价值。

根据中国资本市场发展状况及未来趋势，本书综合运用经济学、金融学和计量经济学等多学科理论和方法开展研究，尤其是根据中国新兴金融市场的独有特征和经验事实，建立更符合实际且便于操作的养老保险基金投资组合模型，并进行多学科交叉融合与协同创新研究。本书的研究内容主要涉及以下几个重要方面：（1）在金融资产投资组合及其回报率研究的已有成果基础上，从理论与数学模型和实证模拟相结合的角度出发，采用定性与定量相结合的多种分析方法，针对不同金融市场环境和投资目标，构建新兴金融市场条件下的养老保险基金投资组合模型，并根据现实数据进行实证检验。（2）在理论和投资组合模型的基础上，根据中国金融市场的发展状况，建立养老保险基金投资组合最优化模型，重点分析均值方差、风险收益比、资产配比、回报率和风险厌恶系数等参数对养老保险基金投资组合及其回报率的影响程度。（3）根据不同的投资组合理论模型，设计不同的目标函数和技术路线，对养老保险基金投资组合最优化的金融数学模型进行理论推导并给出相应的数学解析解。（4）利用风险价值（Value at Risk，VaR）和预期短缺（Expected Shortfall，ES）两种方法对养老保险基金投资风险进行测度，对养老保险基金投资的动态最优风险管理进行分析，应用随机最优控制理论和方法对养老保险基金动态资产配置进行研究，并根据金融数学模型的逻辑推导过程，提出中国养老保险基金动态最优资产配置的理论表达式。综上所述，本书对新兴市场条件下中国养老保险基金投资组合及其回报率进行了创新性理论与实证研究。在理论与实证结果的基础上，提出了符合实际并具有可操作性和前瞻性的相关对策建议。无论是从学术角度还是实际应用角度，本书基于中国养老保险基金投资回报率的研究，对促进人口老龄化背景下的养老保险基金长期收支均衡和制度运行优化及其与金融市场的良性互动发展，显示出了其现实性和必要性，并具备重要的理论和现实意义。

（一）理论意义

在国内外已有研究成果的基础上，本书基于中国金融市场发展的根本属性和变化趋势，结合养老保险基金投资现实，在深入分析金融资产定价和资产配置的基础上，构建养老保险基金投资组合模型，并对其关键影响因素进行实证分析。主要的理论研究内容植根于数学模型建构和实证分析过程之中，主要包括以下几个方面。第一，将均值方差模型和风险收益模型相结合，分析并讨论养老保险基金投资组合的最优化问题。在风险收益投资组合的最优化模型中，使用风险收益比（广义 Rachev 比率）作为测量投资组合风险收益表现的目标函数，并应用门槛接受算法求解非线性最优化问题。第二，关于养老保险基金投资风险管理问题，本书使用 VaR 和 ES 两种工具进行养老保险基金投资风险测度。虽然 VaR 已在金融投资分析领域得到了广泛应用，但在养老保险基金投资领域，它并非是标准的风险管理工具。因此，本书利用 VaR 和 ES 的参数和非参数统计方法，对中国养老保险基金投资风险进行了实际测量。第三，考虑到养老保险基金投资时间长，其投资的金融资产的波动率变化明显，本书采用 GARCH 时间序列分析方法对金融资产的波动率进行估计以校正收益率和 VaR 的估计值；此外，应用极值理论估计（Hill 估计量）回报率分布的尾部特征，以便更精确地计算养老保险基金资产的 VaR。第四，关于养老保险基金投资组合动态最优资产配置问题，本书在巴托基奥（Battocchio，2004）的理论研究基础上，提出了一种随机最优投资组合资产配置模型。它的根本特征是用 CIR 平方根过程替代 OU 过程来进行养老保险基金动态最优资产配置，体现了相应的证券投资动力学过程特点。考虑中国新兴市场机制的特点，本书在模型中用消费者物价指数（Consumer Price Index，CPI）代表通货膨胀，并剔除了工资增长率的潜在影响。此外，本书对养老保险基金投资的动态最优风险管理构建金融数学模型并进行了逻辑推导，在此基础上提出动态最优资产配置的理论表达式。

本书对国内外相关文献和热点前沿理论进行了认真梳理与研究，在此基础上根据理论假设与经验事实，构建了新兴市场条件下中国养老保险基金投资组合的金融数理模型，并进行了投资组合最优化和关键影响因素分析。本书的理论模型及方法创新，在一定程度上弥补了国内构建养老保险基金投资组合模型的不足，同时拓展了新兴金融市场条件下（有限市场理论假说）的资产投资组合理论和方法。本书的理论模型和实证分析对于金融市场资产配置和投资组合理论的丰富与发展具有一定推动作用，一方面有利于丰富和发展金融市场资产配置、投资组合和动态风险管理等相关理论；另一方面有利于为新兴市场经济国家的养老保险基金市场化投资策略选择及最优化决策提供理论与实证依据。

（二）现实意义

在宏观经济政策、中国金融市场投资证券化和人口老龄化需求的推动下，在国内金融市场快速发展尤其是资本投资日趋证券化的背景下，对中国养老保险基金投资组合及其回报率进行理论与实证分析，对于中国养老保险基金的保值增值和逐步根据金融市场成熟度提高市场化和专业化水平，并提高投资效率和投资回报率都具有十分重要的现实意义和应用价值。养老保险基金投资应遵循价值投资和长期投资的政策理念，在现实的投资决策中注重定性分析和定量建模的有机结合，利用投资组合理论和金融数学模型及实证分析进行最优决策，以实现养老保险基金投资政策的帕累托改进。根据中国新兴金融市场的发展状况及未来趋势，区别于短期偏好流动性的投资组合，本书借鉴国内外基金投资组合模型的前沿成果，根据金融市场资产价格时变的特征与规律，基于长期视域对养老保险基金市场化投资进行最优资产配置，确定夏普比率以实现最大化投资收益和最小化投资风险。本书综合运用主成分分析法（Principal Component analysis, PCA）、Bootstrapping 非参数分析方法、ARIMA 时间序列分析和 GARCH 时间序列分析等方法，模拟养老保险基金投资历史演变过程和资产长期投资实践中较频繁使用的配对投资策略，分析单个资产的真实回报率，为养老保险基金投资最优资产配置提供理论和实践依据。与此同时，本书在研究养老保险基金投资风险收益最大化的同时，对中国新兴金融市场的股票和国债两种主要资产的回报率和投资风险的历史和未来动态演变过程进行了时间序列分析，总结并归纳了风险收益均衡条件下的特征及演化规律。这对促进养老保险基金理性投资、规避各种风险，以及提高长期回报水平都具有十分重要的现实意义。

第二节 文 献 综 述

关于养老保险基金风险规避、投资组合及回报率问题，国内外学者进行了广泛的研究与探讨，并取得了较为丰富的研究成果。本书对这些前期成果进行了系统梳理和文献研究。

一、国内外研究现状

（一）关于养老保险基金理论的研究

在 19 世纪末，德国俾斯麦政府创立现代社会保障制度后，公共养老金制度主要实行现收现付制，实行代际收入再分配，即当代工作的一代人筹集资金为已退休的上一代老年人发放养老金。戴尔蒙德（Diamond, 1977）认为公共养老金主要具有四大作用：增加收入、保险、家长主义和再分配；其中，家长主义作用是指在信息不对称的情形，政府通过公共养老金计划为老年人口在退休期提供适度的收入保障。巴尔和戴尔蒙德（Barr & Diamond，2006）对公共养老金进行了经济学分析，主要对养老金隐性债务、养老保险基金与储蓄和经济增长的关系、固定收益（Defined benefit，DB）模式和固定缴费（Defined contribution，DC）模式两种养老金计划的养老保险基金投资及回报率进行了理论分析。

萨缪尔森（Samuelson，1958）在1958年对世代交叠模型（Overlapping generations，OLG）进行了开创性研究并提出了著名的理论假说，即消费—借贷型经济可持续增长的条件是市场利率恰好等于人口自然增长率。萨缪尔森理论表明现收现付制养老金计划实现均衡和可持续的条件是实现人口稳态增长或者保持较低的老年抚养比。然而，人口老龄化导致老年抚养比不断上升，破坏了现收现付制养老金均衡的条件，造成了养老金财务收支失衡并可能引发政府财政危机（Disney，2000）。在这种情况下，中国建立了以投资为基础的私人养老金计划模式作为现收现付制的有效补充；一些国家如智利和新加坡，直接转变为完全基金制。

费尔德斯坦（Feldstein，1999）认为，如果养老金替代率保持不变，按照预期的老年抚养比，现收现付制只能依靠提高工资税率来维持养老金财务收支平衡，这将对劳动力市场造成扭曲且不利于增加储蓄，主张向以投资为基础的基金制转轨。世界银行在20世纪90年代初期对世界各国养老金制度进行了研究，并提出了著名的三支柱模式以有效化解人口老龄化危机（World Bank，1997）。从1997年开始，中国对城镇基本养老保险进行了一系列改革，建立了世界银行推荐的社会统筹、个人账户和企业年金相结合的三支柱模式。在人口老龄化危机日渐加剧的背景下，世界各国普遍对公共养老金制度进行了结构化和参量改革。其中，结构化改革的重点就是扩大以投资为基础的私人养老金的比例。

现阶段，养老保险基金在世界各国金融资产中的所占比例越来越高，2018年，英国、美国、瑞典的日本养老保险基金占GDP的比重分别为104.5%、134.4%、88%和28.3%[1]。由此可见，养老保险基金目

---

[1] OECD. *Pensions at a Glance* 2019：*OECD and G20 Indicators*，OECD Publishing，Paris，2019.

前已成为世界各国最重要的金融资产，对养老保险基金的管理和有效运营成为各国最重要的公共政策之一。国际货币基金组织（IMF, 2011）对发达国家和新兴市场国家关于公共养老金制度改革面临的问题和挑战进行了实证分析，其中的重要挑战之一就是如何整合资本市场和合理运用投资组合工具以提高基金回报率并有效预防和规避养老金支付风险及保持公共财政的可持续性。费尔德斯坦和安圭洛娃（Feldstein & Ranguelova, 2001）对美国 DC 模式养老保险基金风险问题进行了研究，认为降低养老保险基金风险可以通过混合模式（现收现付制和以投资为基础的基金制相结合），或者在股票和债券价格上升的条件下通过代际转移来实现。克里默（Cremer, 2001）认为人口老龄化不应被视为公共养老金财政危机的罪魁祸首，公共养老金财政危机可以通过必要的参量改革和加强基金投资以提高收益等措施加以解决。保尔和格里高利（Ball & Mankiw, 2007）研究了世代交叠经济中的代际风险共享，他们对阿罗－德布鲁完全的权益未定市场和罗尔斯"无知之幕"条件下风险的代际共享进行了理论分析，结论是政府想要通过社会保障实现代际风险共享的最优化，需要制度持有股权资本或者实现负指数化回报。弗里德曼和萨维奇（Friedman & Savage, 1948）对个体在不同风险组合中（如保险、赌博、购买彩票等）进行选择的经济效用进行了理论和经验分析，解释了风险与收益均衡对个体行为选择的理论意义。卡迪纳尔等（Cardinale et al., 2006）研究了养老保险基金的个人风险，如长寿、工资变动或停止工作等，这些风险不仅会影响养老保险基金的资产配置，而且对公平市场价值也会产生影响，因此需要进行合理投资组合和支付精算设计以有效化解公共养老金的个人风险。

关于中国养老保险及养老保险基金理论问题，郑秉文（2004）主张中国的个人账户应借鉴国外经验，加强基金投资运营以提高收益从而实现保值增值。李珍（2007）认为中国在完善基本养老保险制度的同时，也应建立相应个人账户和企业年金投资运营制度，有效规避基金支付风险并提高替代率水平。耿志民（2000）研究了中国养老保险基金与资本市场的相关关系，分析了养老保险基金投资的约束条件、可行性及投资战略，并提出养老保险基金投资的具体路径和实现机制。在资本市场处于发育期和发展期的阶段，养老保险基金投资面临着两难困境，一方面是由于市场机制不完善导致了投资效率不足，另一方面是基本养老保险制度本身的运行导致了基金投资需求逐步扩大。倘若不能有效投资，养老保险基金将面临难以实现保值增值和支付不足的风险。胡继晔（2003）主张中国养老保险基金投资运营，首先需要加快发展资本市场，构建成熟的投资工具，同时需要市场体制和金融机制的创新，确保养老保险基金能够平滑进入资本市场，这不仅对养老保险基金投资收益增长有益，同时也有利于激励并促进资本市场良性发展。张松（2006）对养老保险基金与资本市场的双向互动进行了理论与实证分析，并在理论视域解释了养老保险基金进入资本市场的必要性和可行性，以及为什么资本市场需要不断发育和发展并进行必要的体制机制创新以实现养老保险基金投资与金融市场的有效互动。由此可见，倘若不培育和发展金融市场并建立有效的投资机制，就难以真正提高养老保险基金的投资效率。

（二）关于基金投资风险、资产配置及投资组合的研究

在开放的市场经济条件下，养老保险基金投资、资产配置、风险管理是一个饶有趣味的研究课题。由于市场信息的不对称性和资本市场波动，养老保险基金在市场投资中将不得不面临各种系统性和非系统性风险（Srinivas et al.，2000）。

马科维茨（Markowitz，1952，1959）构建了均值—方差模型，并提出了著名的投资组合理论，认为基金的投资组合策略是有效分散基金投资风险的重要方法，投资组合成为基金投资的最经典理论。在马科维茨均值—方差模型的基础上，各国学者提出了各种投资组合模型和投资策略。夏普（Sharpe，1964）提出的资本资产定价模型和罗斯（Ross，1976）提出的套利定价模型在基金投资的资产配置和投资组合中得到了广泛应用。马科维茨（2010）在一篇学术论文中总结了他对投资组合的理论观点：一是投资组合理论及其在现实问题中的应用，例如，实际

风险—回报分析的准则选择，以及是否有某些形式的风险—收益分析框架并真正应用于解决现实问题。二是与理想化的理性投资行为相反的金融行为假设，其第一个结果是：预期效用最大化的事实是永远不喜欢多奖彩票超过单奖彩票，第二个结果表明资产定价模型中的投资者不需要承担任何投资风险；这都可能导致基金投资风险显著增加。马科维茨投资组合理论是基于有价证券的回报率服从正态分布，这样通过不同金融资产的投资组合就可以有效分散基金风险并提高基金回报水平（戴玉林，1991）。当基金收益率不服从正态分布时，用均值—方差模型来计算最优投资组合的权重就存在一定误差，同时，马科维茨的均值—方差模型自身也存在一些缺陷（戴玉林，1991；刘瑜琳和李俊强，2008）；而基于时间加权历史模拟法的均值—VaR 模型则是一种全新的权重计算方法，用于构建市场证券的最优投资组合并预测基金投资风险（李兴奇等，2014）。

关于投资组合选择，国内外学者进行了大量理论和应用研究。布莱克和琼斯（Black & Jones，1987）提出了固定比例组合保险（Constant proportion portfolio insurance，CPPI）策略，可以使投资者按照个人的资产期望报酬和风险的承受能力设定适合于自己的投资组合保险并控制下跌风险，在市场价格上涨时，再参与市场投资。布莱克和贝霍尔德（Black & Perold，1992）进一步发展了固定比例组合保险理论。孔特和坦科夫（Cont & Tankov，2009）研究了资产价格出现跳跃情形的固定比例组合保险策略。姜等（Jiang et al.，2009）提出了基于 VaR 的基金投资组合保险策略（VaR - based portfolio insurance strategy，VBPI），并与买入并持有策略和固定比例组合保险策略进行了全面比较，根据中国证券市场的实证分析表明，这些投资组合保险策略都可以有效限制收益率的下跌风险，VBPI 策略比 CPPI 策略在防止收益率下跌方面表现得更好。在 CPPI 投资策略的基础上，陈等（Chen et al.，2008）提出了动态比例投资组合保险策略（Dynamic proportion portfolio insurance，DP-PI），根据风险乘数随金融市场条件变化的特点，采用遗传规划算法构建方程树并获得风险乘数。布罗迪和戈特斯曼（Broadie & Geotzmann，

2008）讨论了基于安全保证的投资组合保险策略；霍等（Ho et al.，2008）分析了基于风险资本分配的投资组合保险策略。段玉娟和史本山（2011）在时间不变性组合保险（Time-invariant portfolio protection，TIPP）策略和价值增长投资组合（Value grow portfolio insurance，VGPI）策略的基础上，提出了均衡价值增加投资组合保险策略（Equilibrium-value grow portfolio insurance，EGPI），其在实际操作中具有一定的比较优势。

在市场信息不确定的条件下，公共养老金应实行基金与非基金的混合模式，这样就可以有效分散市场投资风险（Duttaa et al.，2000）。柳清瑞（2005）认为在个人账户养老金积累规模不断扩大的情况下，有限的投资工具和较低的回报率难以实现个人账户保值增值，也难以为退休人口提供适度的替代率，主张利用投资组合工具加强个人账户有效运营并提高投资收益水平。卢卡斯和德斯（Lucas & Zeldes，2009）对美国养老保险基金投资的金融资产投资组合配置比例进行了实证分析，实证结果是股票占60%，债券占24%，房地产投资占6%，私募基金占3%，短期资产投资占2%，其他投资占5%。艾德勒和霍兰德（Elder & Holland，2000）认为，提高养老保险基金的证券投资比例能够有效避免依靠提高工资税来促进公共养老金的长期收支均衡。外格和穆恩比（Wagglea & Moonb，2005）认为在金融市场不确定性增大的情形下，投资者将面临比较困难的资产配置选择。模型实证分析表明：股票收益水平与股票权重呈显著正相关，其大小取决于股票—债券的相关性和投资者风险偏好水平。此外，对于风险厌恶的投资者，股票—债券相关性的增加将导致债券向票据转移。特雷诺和布莱克（Treynor & Black，1973）构建了投资组合选择的一般模型，利用证券分析方法进行资产配置，证券分析师对最优投资组合的贡献取决于随着时间推移的预期回报率与实际回报率的相关性，而不是回报率水平。

风险—收益均衡是金融市场投资组合选择中一个非常重要的理论问题，哈特（Hart，1975）认为在投资组合选择中，权重分配不可能导出比较静态属性。然而，狄卫伯格和王（Dybvig & Wang，2012）研究的结论是在风险厌恶水平不增加的情况下，通过投资组合结果分配可以导出投资组合的比较静态性质。戈利耶（Gollier，2008）研究了养老金制度的运行规则，即代际负担分配和养老保险基金投资组合的动态管理。养老保险基金的资产分配和承诺的养老金权力主要取决于养老保险基金的资产负债比率，投资于股票的养老保险基金比例应控制在 40% ～ 60%，而当养老保险基金财务收支状况恶化时，这一比例则应适当降低。比斯玛和博文伯格（Beetsma & Bovenberg，2009）研究了两支柱养老金制度（现收现付制 + 基金制）的代际风险分担问题，其中，基金制可以是 DB 模式，也可以是 DC 模式；实证结论为：一个具有恰当养老保险基金投资策略的养老金计划能够实现风险的最优代际分担，它将对资本市场特别是股权溢价产生重要影响。吉本斯等（Gibbons et al.，1989）对给定的资产组合预期投资效率进行了检验与实证分析，相关统计量具有易于处理的小样本分布，其幂函数用于研究投资组合和资产数量检验的敏感性，并采用了多元诊断方法解释为什么无效的假设被拒绝。比克和德勒（Bikker & Dreu，2009）对养老保险基金投资的成本问题进行了实证研究，发现行政管理和投资成本降低了养老保险基金投资的回报率；根据荷兰养老保险基金的数据分析发现，资金规模、治理结构、养老保险基金计划、外包决策等对养老保险基金的回报率产生负向影响。

行业养老保险基金与企业养老保险基金及其他基金相比更有效率，且运营成本显著降低。安东尼（Antoine，2012）认为养老保险基金投资组合的最关键挑战是当预期收益被重新估计时，投资组合需要重新进行资产配置，而这有可能产生新的投资风险。最优投资组合是基于风险偏好形成一个封闭模式，只依赖于投资者自己修订的期望—方差条件，而不受任何其他扰动变量的影响。

关于中国养老保险基金投资风险、资产配置和投资组合的研究，主要形成了以下几方面研究成果。一是关于养老保险基金投资风险的研究，万解秋等（2003）对中国养老保险基金面临的内部风险和外部风险进行了系统研究，并从理论角度分析了这些风险产生的根源及其后果，同时提出了控制和规避养老保险基金风险的主要工具和方法。唐大鹏和翟路萍（2014）对养老保险基金投资组合是否能够有效化解投资风险问题进行了实证研究，认为合理的投资组合可以降低养老保险基金投资风险，但需要从管理和技术上提高投资效率，并需要采取严格的监管措施。祝献忠（2008）对养老保险基金进入资本市场面临的主要风险进行了实证分析，并重点分析了市场波动和信息不对称性对养老保险基金投资长期收益的影响。二是关于养老保险基金资产配置的问题，陈婷（2011）从投资战略角度，对中国养老保险基金的资产配置进行了实证研究。康书隆等（2014）对中国养老保险基金跨期最优资产配置问题进行了实证分析，并分析了跨期最优配置的实现路径和政策选择。刘富兵等（2008）对养老保险基金最低收益保证前提下的养老保险基金资产最优配置进行了实证研究。

从以上研究中不难看出，最优资产配置是养老保险基金投资实现收益最大化的前提条件，最优资产配置不仅涉及养老保险基金投资政策的选择，而且还涉及资本市场的成熟度。三是关于养老保险基金投资组合的建模与方法研究，陈志国等（2014）对养老保险基金的投资组合进行了研究并提出了具体的投资策略。刘慧宏和李子凡（2007）研究了社会保障基金分账户投资组合构建方法和操作策略。在资本市场不确定性条件下，投资组合是降低养老保险基金投资风险的重要方法，在国际上比较流行。柳清瑞（2005）构建了中国养老保险基金在投资不确定条件下的投资组合模型，并利用美国、日本和中国等国家的样本数据进行了实证检验。陈加旭和张力（2013）分析了行为因素对养老保险基金投资组合选择的重要影响，并提出控制个人行为有效性的对策建议。

（三）关于养老保险基金投资策略与回报率的研究

养老保险基金投资是世界各国政府确保养老保险基金收支均衡和公共财政可持续性的重要政策手段。随着人口老龄化危机的不断加剧和养老保险基金规模的逐步扩大，养老保险基金的市场化投资显得越发重要。世界各国的发展经验表明，基金制养老保险模式的现实做法是在其他项目上投资，其投资回报率超过了收入的增长率（Aaron，1966；Feldstein，1996）。如果不考虑劳动供给的影响和税收制度的变化，基金制将比非基金制产生更多的投资回报。如果将美国现收现付制改革为以投资为基础的个人账户制，则将提高25%的总资本存量，并可以带来5.7%的GDP增长（Feldstein，1996）。由此可见，养老保险基金投资已成为学界和政府关注的焦点问题，强化养老保险基金管理和市场化投资逐步上升为世界各国公共养老金制度改革的重要议题。杜塔等（Dutta et al.，2000）利用一个简单的方差—期望模型构建养老保险基金的有价证券投资组合，并计算其回报率水平。布林森等（Brinson et al.，1991）认为投资管理过程的各个方面，如资产配置政策、有效资产配置和安全选择，都将对投资组合的总收益水平产生重要影响，根据82个大型养老保险基金计划显示的有效资产配置政策对投资组合回报率具有决定性的贡献。帕拉等（Parra et al.，2001）利用模糊目标规划方法对养老保险基金的最优投资组合选择进行了研究，根据投资者的回报率、风险和流动性等目标与约束条件选择最优投资组合。

在世界各国的养老保险基金投资政策中，由于资本市场发展成熟度和投资工具存在差异，导致了各国的资产配置也存在一定区别。格里芬（Griffin，1998）认为各国养老保险基金采用股票投资组合显著多于债券投资组合，它主要取决于各国国际贸易的水平，而精算和会计准则也决定着养老保险基金的股票—债券资产配置。巴贝希斯（Barberis，2000）研究了养老保险基金回报率的可预见性对长期投资者最优投资组合选择的影响，即使模型参数存在不确定性，投资回报率的可预测性也会导致长期投资者提高股票投资比例。关于养老保险基金的最优投资组合问题需要考虑许多因素，如风险、回报、流动性等，须在目标和约束中寻求最优解。哈利阿索斯和迈克利兹（Haliassos & Michaelides，2008）讨论了投资者面临流动性约束时的最优投资组合选择策略问题。特沃斯基和卡尼曼（Tversky & Kahneman，1992）建立了市场不确定条件下的经济损失厌恶水平的分析框架。布雷克等（Blake et al.，2013）利用特沃斯基和卡尼曼的损失厌恶分析框架，分析了DC养老保险基金的最优投资组合的门槛战略，如果基金积累低于预期目标，股票投资份额就会增加，否则就减少。坎贝尔等（Campbell et al.，2001）构建了一个最优投资组合选择模型，该模型在最大期望损失达到风险管理者设定的风险限额的前提下，通过最大化期望收益来分配金融资产；模型实证分析还表明预期收益水平的非正态分布和投资时间跨度对最优投资组合选择存在显著影响。

马科维茨模型的基本假设是股票市场状况可以通过历史数据进行描述，这是一个很难保证的实际投资假设；另外，可能性投资组合模型试图预测股票市场的状况，通过整合过去的证券市场数据和未来专家的判断来洞察股票市场的变化，这在现实中也很难实现。塔纳卡和郭（Tanaka & Guo，1999）提出了一种存在两种收益概率的综合模型，即收益被描述为较高和较低两种概率分布，形成了收益区间，供专家在投资组合选择时参考；同时，投资风险也被描述为一个区间，专家可以根据收益和风险的区间值进行投资组合选择。法玛和麦克白（Fama & Mac-Beth，1973）研究了资本市场投资中平均收益与风险之间的关系，理论基础是对从双参数组合模型与市场均衡模型导出的两参数投资组合模型进行实证检验。证券投资反映了投资者为了规避风险而选择投资组合的企图，从预期收益和分散风险的角度来看是完全有效的。贝尔卡特和哈维（Bekaert & Harvey，2007）对新兴市场国家投资的流动性问题进行了实证分析，结论是养老保险基金投资于股票市场的预期收益与股票交易差价呈正相关，而与股票成交量呈负相关；根据18个新兴市场国家的数据发现，突发性流动性冲击与收益率呈正相关，这些国家资本市场经历了一个附加自由化过程，市场自由化将对预期收益产生一定影响，这种影响存在正向和负向的不确定性，需要根据自由化过程加以识别。哈米德等（Hamid et al.，2013）研究了新兴市场条件下的风险倾向、风险认知和冒险行为之间的相关关系，利用多元回归模型分析了确定性行为对投资决策的直接或间接影响；其结果表明：风险倾向与冒险行为呈正相关，而风险认知与冒险行为呈负相关；通过进一步研究发现，风险认知可以部分地调节冒险倾向。格希尔斯（Ghysels，2005）利用默顿（Merton，1973）的 ICAPM 模型，研究了股票市场回报率的条件方差与期望的均衡关系，结果发现预期收益与风险之间存在显著相关性。利用 MIDAS 方法可以更好地识别预期收益与风险之间的均衡。梅利彻奇克等（Melicherčík et al.，2015）对斯洛伐克 DC 养老保险基金最优投资决策的动态模型进行了实证研究，该模型研究确定了养老保险基金用于投资股票和债券的不同份额。在不同回报率条件下，对各种相关参数和最优投资组合决策进行了敏感性分析。魏吉娜和哈伯曼（Vigna & Haberman，2001）分析了 DC 模式养老保险基金面临的各种投资风险，利用动态规划技术确定最优投资组合策略，在模型中考虑了养老金目标替代率、投资风险和年金给付风险、符合个人生活方式的投资策略等中间变量的影响。安多诺夫等（Andonov et al.，2017）对美国公共养老保险基金投资策略及监管进行了研究，美国独特的监管模式采取资产的负债贴现率与预期回报率挂钩的方式，这就会激励投资者选择风险资产进行投资以获得较高的投资回报率。

关于中国养老保险基金投资战略及基金回报率问题的研究，主要围绕以下几个方面展开。一是养老保险基金投资战略选择问题，陈学华等（2006）利用 VaR 模型对中国养老保险基金最优投资战略选择及面临的约束条件和可行性进行了实证研究。谷爱玲等（2013）利用 Ornstein - Uhlenbeck 模型分析了养老保险基金的最优投资战略，并提出了发展路径。梁勇等（2015）在通货膨胀条件下，利用奈特模型分析了中国养老保险基金的最优投资政策，并解释了最优投资政策应对通货膨胀风险的可能性和方法。殷俊和李媛媛（2013）研究了随机利率和通货膨胀条件下，缴费确定型养老保险基金的最优资产配置问题，并分析了随机利率和通货膨胀率波动对养老保险基金最优资产配置的潜在影响。章萍（2013）基于资本市场良性发展视角对养老保险基金指数化投资策略进行了研究，并分析了养老保险基金指数化投资设计方法。二是养老保险基金投资收益—风险及回报率问题，张兴（2011）对中国养老保险基金投资的不同资产选择及收益水平进行了实证研究。徐丽梅和吴光伟（2007）在马科维茨均值方差模型的基础上引入流动性因素，通过构造稳健因子来构建以收益、风险和稳健因子所组成的三维空间投资组合的有效边界。张丽芳和刘海龙（2009）对阿尔姆格伦和克里斯（Almgren & Chriss，2000）的证券组合变现模型进行了扩展，构建了基于内生流动性风险的证券组合调整策略模型，通过算例分析给出了投资者调整投资策略的有效边界，并发现随着投资者的风险厌恶系数增大时，投资者倾向于在首尾时段进行交易。胡继晔（2007）对养老保险基金投资收益—风险均衡进行了实证研究，并对二者之间的相关关系进行了分析，解释了在不同风险厌恶水平条件下基金收益水平的变化。刘渝琳和周桥（2013）对市场化投资条件下养老保险基金投资效率（规避风险和确保收益水平）进行了数据模拟，并分析了影响回报率的主要因素。郭磊和陈方正（2008）根据 CRRA 效用函数，对企业年金的最优个体投资策略问题进行了建模与实证分析，并对企业年金的投资回报率进行了模拟。柳清瑞（2005）利用一个简单的期望方差模型对中国、美国和日本等国养老保险基金投资组合的回报率进行了实证分析。三是养老保险基金投资绩效问题研究，胡宗义和张杰（2007）利用 VaR 方法对中国养老保险基金投资绩效进行了研究，并对三大经典方法的绩效评价进行了比较分析。卢学法和严谷军（2004）对养老保险基金投资证券市场的绩效进行了实证研究，并提出了提高投资绩效的方法和途径。王守法（2005）构建了绩效评价模型，对证券投资基金的绩效进行了实证分析。朱丹和程燕（2008）构建了社会保障基金投资绩效评估的指标体系，并利用指标矩阵对中国养老保险基金的投资绩效进行了实证分析与评价。

这些研究的基本结论为：现阶段中国养老保险基金的投资规模和收益水平都处于比较低级的阶段，与欧美和日本等发达国家相比，投资效率明显偏低。因此，中国养老保险基金投资与风险管理是一个亟待解决的问题，也是学界需要进一步深入进行理论与实证研究的重点领域。

（四）关于养老保险基金投资政策的研究

养老保险基金投资的投资策略、风险控制、基金管理和投资效率等问题归根结底取决于政府相关部门是否能够制定合理和安全有效的投资政策。彭纳基和拉斯塔德（Pennacchi & Rastad，2011）构建了一个养老保险基金资产配置模型，并利用该模型为政府部门提供养老保险基金投资指导；模型表明，从养老保险基金资产负债的市场价值变动中考查对冲风险是决定养老保险基金资产配置的首要问题。因此，养老保险基金投资的资产配置应该对投资组合经理人的投资选择行为进行合理控制以尽可能地规避投资风险。布林森和毕鲍尔（Brinson & Beebower，1986）认为资产投资组合至少应包括以下四个步骤：一是决定投资组合包含哪些资产和排除哪些资产；二是决定投资组合中各项资产的权重；三是从短期资产价格波动中追求额外收益，根据资本市场状况对资产混合权重进行战略性选择（市场时间）；四是在资产类别中选择收益较高、风险较低的资产（安全选择）。森德斯凯（Senderski，2014）对养老保险基金投资监管与投资绩效的相关关系进行了实证研究，根据OECD 国家 2001 ~ 2012 年的数据，分析了养老保险基金投资严格监管对投资绩效的显著影响，结果表明养老保险基金投资的有效监管是提高投资绩效的重要环节。拉赫曼（Rehman，2010）对巴基斯坦政府公共养老金计划进行了实证研究，分析了巴基斯坦公共养老保险基金最优投资组合及国际多元化投资的作用；基于不同风险厌恶系数和过去 50 余年的历史回报率，分析了养老保险基金潜在的累计收益水平。不同风险偏好导致决策者将金融市场投资行为和及时采取行动策略纳入投资战略，以有效应对老龄化和人口变化、负债、养老金支付不足等风险。

布雷克等（2013）对养老保险基金的分散投资管理进行了研究，认为分散投资有利于规避基金风险，但从分散管理上存在两种分权趋势：一是对跨类别金融资产应配备专门的基金经理；二是对每种金融资产的单一管理者转变为多个竞争的管理者，这将有利于规避投资风险和提高投资绩效。安多诺夫等（Andonov et al.，2013）主张养老保险基金投资在资产配置中应选择房地产投资以规避风险和提高回报率；同时，政府应在市场准入、金融政策、税收优惠等多项政策中对养老保险基金投资房地产进行政策支持。弗莱文和威肯斯姆（Flavinn & Wickensnn，2006）通过英国和美国养老保险基金国际化投资组合的实证分析发现，虽然各国投资组合存在一定差异，但是国际化资产配置从长期来看仍然是一个发展趋势，能够通过国内和国际投资工具的投资组合来实现风险—收益平衡。

戴维斯（Davis，2005）认为，由于养老保险基金国际化投资的风险收益均衡具有比较优势，因此投资组合选择通常依赖于基金规模和投资方法。是否选择国际化投资策略虽然存在一定争论，但从 OECD 国家的经验来看，国际化投资是一个越来越受各国政府重视的投资方向。阿哈默德和诺尔（Ahmad & Nor，2015）对马来西亚、新加坡、韩国和中国香港 4 个东亚国家和地区的养老保险基金投资状况进行了实证研究，结果表明公积金投资比较保守，投资收益比较固定且回报较低；强制性养老保险基金则比较积极，在证券市场投资占有较高的份额；结论为：主张各国和地区政府建立合适的养老保险基金投资组合战略，适度扩大证券投资份额，在风险和收益平衡条件下确定最优投资组合。布雷克（2003）对英国养老保险基金投资战略及其绩效问题进行了实证研究与评价，发现英国的投资战略先改变了资产选择的方式，在养老保险基金管理中，战略性资产配置处于核心地位；另外，资产类别依据负债与其他因素相关性和波动性的匹配情况进行选择。胡（Hu，2014）认为，中国养老保险基金投资证券市场的比例应控制在 20% 以下，为有效规避系统性风险，应放宽养老保险基金进入资本市场的条件，并允许进行海外市场投资。布拉姆（Blome，2007）对德国、英国、日本、荷兰和美国养老保险基金投资战略和监管问题进行了研究，ALM 资本—负债模型实证结果表明：监管通过投资战略协作主要影响融资成本，严格的监管将在经济不景气的情形下导致基金发起人补足资金短缺或者进行谨慎投资，这最终将造成融资成本上升。此外，公允价值的会计准则（实时确认精算损益）有助于获得比监管要求更高的市场融资水平。

关于中国养老保险投资政策问题，郑秉文（2004）主张政府相关部门应制定中长期养老保险基金中长期投资战略，并相应建立规范的养老保险基金投资机制以及金融政策、货币政策、财政政策等配套支持政策，以促进养老保险基金投资健康发展。郑春荣（2015）认为中国应加快推进养老保险基金市场化投资进程，这首先需要明确政府和市场的关系，建立健全养老保险基金投资机制、监管机制和法律法规机制等，逐步形成养老保险基金投资的市场化和常态化机制。胡继晔（2007）认为养老保险基金投资政策应在大力发展国内资本市场的前提下，逐步放宽基金准入证券市场的条件，实行自由竞争，并在条件允许时考虑放开海外市场的政策。杨燕绥（2015）认为，养老保险基金应加快投资步伐以抵御人口老龄化、通货膨胀等潜在风险，确保基金保值增值。米红等（2007）认为养老保险基金投资证券市场势在必行，政府相关部门应加快制定养老保险基金入市的相关政策，并建立规范化的监管机制，推动养老保险基金在资本市场的有效投资运营。这些研究成果表明：养老保险基金进行市场化投资运营，既是养老保险基金自身保值增值和有效规避各种风险的需要，也是资本市场长期发展的需要，政府应抓紧制定金融市场投资管理、市场规制和投资监管的相关政策法规，全面推进养老保险基金的市场化投资进程，提高基金回报并有效规避各种风险。

二、国内外研究现状述评

国内外相关文献梳理及文献研究的结果表明，关于养老保险基金投资风险、投资组合策略和基金回报率等相关问题的研究已取得了丰富的研究结果，下面进行简要归纳和总结。

第一，关于养老保险基金投资（The investment of pension funds）、投资风险（The risk of investment）、资产配置（Asset allocation）、投资组合（Portfolio）等已形成了比较丰富的理论体系。这些理论对指导养老保险基金投资实践起到了非常重要的作用，如马科维茨（1952）提出的基于均值—方差模型的投资组合选择理论（The theory of portfolio selection）、夏普（1964）提出的资本资产定价模型（Capital asset pricing model，CAPM）和罗斯（1976）提出的资本资产定价的套利理论（The arbitrage theory of capital asset pricing）、卡尼曼和特沃斯基（Kahneman & Tversky, 1979)提出的前景理论（Prospect theory）等经典理论已广泛应用于金融市场投资领域。这些理论是针对养老保险基金投资相关问题开展深入研究的理论基础，同时也需要根据中国新兴金融市场的发展状况及未来趋势进行理论创新。

第二，在理论研究基础上，关于养老保险基金投资的资产配置、投资组合、风险控制和最优策略等问题已进行了模型化研究，并利用一些国家的资本市场和养老保险基金投资实践进行了实证检验和定量分析，取得了比较丰富的成果。例如，资产配置模型（The model of asset allocation）、资本资产定价模型（The model of capital asset pricing）、投资组合模型（The model of portfolio selection）、风险管理与控制模型（The model of risk management and controlling）等。从实际应用的角度考虑，这些模型需要结合特定国家的经济发展水平、资本市场、投资工具状况对模型及其一些模型参数进行相应调整，以适应特定国家和特殊资本市场的发展状况。例如，直接照搬国外学者设计的投资组合模型和一些国家的做法，就可能导致政策设计"水土不服"，不能对中国养老保险基金投资提供合情合理的真实解释。因此，借鉴国外经验进行模型和方法创新，才是研究和解决中国养老保险基金投资和风险管理问题的根本途径。

第三，相比较而言，发达国家的资本市场发育较早，投资工具比较成熟，市场化和专业化投资水平较高。因此，美国、英国和日本等发达国家的养老保险基金投资处于世界领先地位，并形成了比较完善的投资体系。中国、俄罗斯和印度等新兴市场国家由于资本市场发育相对较晚，投资工具较少且成熟度不足，市场化和专业化投资水平较低，导致养老保险基金投资效率不足。因此，新兴市场国家的养老保险基金投资战略和投资方式更值得进行深入的理论和实证研究。例如，新兴国家的资本市场发育规律和特征、养老保险基金投资战略、投资组合运用投资工具水平、风险管理与风险控制、国内资本市场与国际资本市场的投资整合等。这些问题的研究既需要立足新兴市场国家的经济和资本市场发展现实，也需要借鉴国际经验并加以理论和政策创新，才能找到解决问题的有效方法。

第四，养老保险基金投资证券市场利用股票、债券等投资工具进行投资是国际上比较流行的做法，也是养老保险基金与资本市场良性互动的路径依赖。现阶段，新兴市场国家在养老保险基金多元化市场投资方面发展比较迟缓；例如，中国养老保险基金（特别是个人账户积累部分）由于各种条件约束，大部分尚未利用股票、债券等投资组合工具，而仅利用银行投资工具进行投资，真实回报率较低且面临着通货膨胀、利率政策调整对基金积累造成侵蚀的诸多风险。从现有成果观察，养老保险基金投资证券市场、利用多种投资工具构成的投资组合是抵御风险和提高收益的重要方法。在新兴市场条件下（有限市场和不完全竞争），针对如何运用股票、债券、短期投资、房地产、基础设施建设投资等多种投资工具进行投资组合，以及如何控制风险和保证收益等问题，还需要结合各国国情和资本市场发育程度、市场化和专业化投资水平进行多方面的理论和实证研究。这也许是现有文献比较欠缺的地方，尤其是关于中国养老保险基金的资产配置、投资组合选择及其回报率和风险管理等问题还存在较大的研究空间。

综上所述，养老保险基金投资既是一个老问题，也是一个新问题。特别是对于像中国这样的新兴市场国家来说，养老保险基金投资的目标定位、战略选择、政策设计、资产配置与投资组合、风险管理与市场规制（包括监管）、国际化分散投资等问题都需要进一步深入研究与探索。这既需要在吸纳国内外已有研究成果的基础上，借鉴欧美和日本等发达国家的发展经验，也需要立足中国国情和社会经济现实、国内外资本市场发展状况进行理论与应用创新，以找到一条中国化的养老保险基金市场化投资运营和风险管理的正确途径。

第三节　研究思路、内容及方法

一、研究思路

本书从中国人口老龄化和基本养老保险制度的实际运行状况出发，

以促进养老保险基金长期财务收支均衡和制度运行优化及其与金融市场良性互动发展为政策目标；根据新兴金融市场发展现状及未来趋势，在理论分析的基础上，构建养老保险基金投资组合的金融数学模型，对中国养老保险基金投资回报及其风险管理等问题进行理论与实证研究，并基于理论与实证结果提出相关对策建议。本书的思维路线和技术路线如图1-1所示。

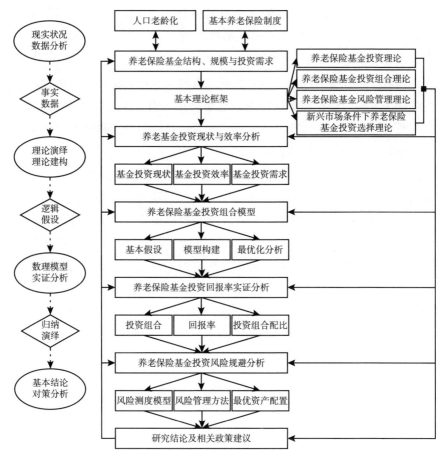

图1-1 中国养老保险基金投资回报研究的思维路线和技术路线

二、研究内容

本书主要对新兴金融市场条件下中国养老保险基金投资回报进行理论与实证研究，共包括七章内容。

第一章是绪论。第一，对本书的选题背景和研究意义进行阐述；第二，对本书的选题进行国内外研究综述，在文献研究的基础上对国内外研究现状与趋势进行简要评价；第三，对本书的研究内容、思路和方法进行全面介绍；第四，归纳和总结本书的创新点；第五，介绍本书的研究局限，并对未来研究进行展望。

第二章是相关概念界定及理论基础。首先，对本书所涉及的主要概念进行定义和界定，主要包括养老保险基金、风险规避、资产配置、投资组合和回报率等。其次，对理论基础进行概述。基本理论包括养老保险基金投资理论、投资组合理论和养老保险基金风险管理理论。最后，在此基础上，本章还提出了新兴市场国家和发展中国家的有限市场理论假说，在有限市场理论假说的基础上，提出了新兴市场条件下养老保险基金投资选择理论。

第三章是养老保险基金投资回报现状分析。首先，对中国养老保险基金的结构、规模和投资需求进行实证分析；其次，对中国养老保险基金投资回报现状进行实证分析和评价；最后，对中国养老保险基金投资回报偏低的成因和后果进行实证分析。本章的研究内容为后续章节关于养老保险基金投资组合模型及其回报率的研究奠定了重要基础。

第四章是养老保险基金投资组合模型及最优化分析。本章将投资组合均值方差模型和风险收益模型相结合，以构建养老保险基金投资组合模型并进行最优化分析。首先，对马科维茨提出的经典均值方差模型进行分析，讨论最小方差组合模型和切线组合模型，分析马科维茨模型的缺陷并对投资组合最优化问题进行讨论；其次，对基于假设检验的投资组合模型进行实证分析；最后，构建投资组合风险收益模型，并利用局域搜索算法和门槛接受法（TA 方法）对线性和非线性投资组合的最优化进行实证分析。

第五章是养老保险基金投资回报实证分析。本章根据养老保险基金投资组合理论及数学模型,对养老保险基金投资组合回报率进行实证分析。第一,对养老保险基金投资组合的两种主要投资工具——股票和债券的回报率进行基础数据分析,利用主成分分析方法和 ARIMA 时间序列分析方法对债券收益率变化进行实证分析,利用主成分分析方法和 Bootstrapping 方法对股票收益率变化进行实证分析,利用 GARCH 时间序列分析方法对股票收益率和市场波动率变化进行数据模拟。第二,利用简化的均值方差模型对"统账模式"养老保险基金投资组合的回报率进行实证分析,根据 2000~2017 年的样本数据,养老保险基金投资组合股票回报率超过了 10%,但其方差也比较高,说明投资风险较高。第三,对不同风险厌恶系数条件下的投资组合的股票和债券的投资比例进行实证分析,实证结果表明在高风险厌恶系数条件下,债券比例较高,而股票比例相对较低;在低风险厌恶系数条件下,股票投资比例有所上升但总体水平仍低于 30%,而债券在总体上没有投资比例的限制。第四,对养老保险基金的股票投资组合进行实证分析,利用风险收益比(Rachev 比率)分析中国主要行业投资组合股票权重情况,结果表明制造业和金融业的股票权重占据领先地位,通过债券和股票的投资组合能够显著提高养老保险基金投资组合平均回报率水平。第五,对中国养老保险基金投资组合预期回报进行实证分析。本书构建了股票、债券和银行存款投资组合模型,并对 2020~2030 年中国社会保障基金理事会委托投资的养老保险基金不同资产配置的预期回报水平进行了模拟。实证结果表明,投资组合的股票投资比例越高,养老保险基金投资预期回报水平越高。在投资组合预期回报实证结果的基础上,对有限市场条件下的中国养老保险基金投资组合选择及未来发展战略进行讨论。

第六章是养老保险基金投资的风险管理分析。首先,对中国养老保险基金投资面临的主要风险进行分析,主要包括系统性风险、非系统性风险和背景风险。其次,利用 VaR 和 ES 两种工具对中国养老保险基金投资进行风险测度,并分别使用参数和非参数统计两种方法进行案例分析。同时，考虑到养老保险基金投资时间较长，其投资金融资产的波动率变化明显，本书应用 GARCH 时间序列对金融资产的波动率进行估计以校正收益率和 VaR 的估计值；应用极值理论估计（Hill 估计量）回报率分布的尾部特征，以此更加精确地计算养老保险基金资产的 VaR。最后，对养老保险基金投资动态最优风险管理进行分析，主要对利率风险和通货膨胀风险进行时间序列分析，基于资产动力学方法对养老保险基金投资组合风险及动态最优资产配置进行理论和实证分析，应用随机控制理论和方法推出中国养老保险基金动态最优投资组合的理论表达式（Hamilton - Jacobi - Bellman，HJB）。

第七章是研究结论及政策建议。本章对本书的主要研究成果和研究结论进行全面梳理和总结，并对本书研究的新发现进行简要介绍。在理论和实证结果的基础上，提出在金融市场逐步发展和政策机制不断成熟的条件下，加快推进养老保险基金投资市场化、专业化和多元化投资进程，加强养老保险基金投资运营、提高投资回报、规避金融风险的相关政策建议。本章的对策创新主要体现在提出了根据金融市场的成熟度，对养老保险基金投资组合进行动态最优配置的相关政策建议。

三、研究方法

本书主要运用当代社会科学中常用的研究方法，对中国养老保险基金投资组合及其回报进行理论与实证研究。主要包括理论分析与实证分析相结合，定量分析与定性分析相结合，理论推演与模型建构及数值模拟相结合等研究方法。本书应用的具体的理论和研究方法主要包括养老保险基金投资理论、投资组合理论、资产配置理论、效用函数理论、现代证券投资理论、PCA 主成分分析法、Bootstrapping 非参数估计、ARIMA 时间序列分析、GARCH 时间序列分析、极值分析方法、随机最优控制理论与方法、随机微分方程和投资组合模型等。本书综合运用上述理论和研究方法，立足新兴金融市场的发展现状及未来趋势，对养老保险基金投资组合及其回报率构建金融数学模型，并收集中国金融市场的股票和债券等面板数据进行实证分析。本书的关键模型及方法如图 1 - 2 所示。

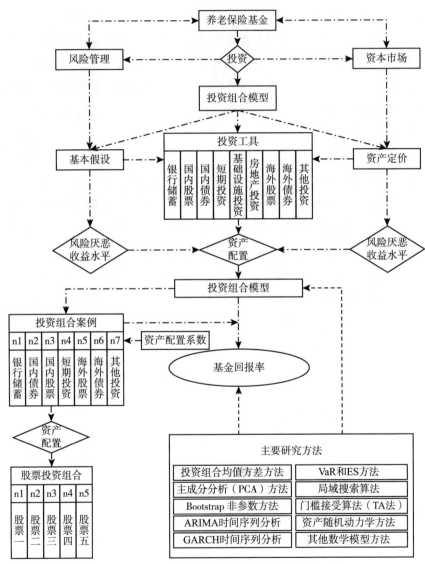

图 1 - 2　中国养老保险基金投资组合及回报研究的关键模型及方法

第四节 研究的创新点

目前，国内外关于中国养老保险基金投资组合及其回报的研究成果大多集中在套用现成的国外投资组合模型，主要缺陷是模型建构单一（未充分考虑中国新兴金融市场的成熟度），拟合效果不太理想，并在研究结论上千篇一律，缺乏对中国新兴金融市场条件下养老保险基金投资组合及其回报的规律性研究和政策解读。基于此，本书充分考虑中国国情和新兴金融市场的发展状况及特征，对中国养老保险基金投资组合最优化及其长期投资回报进行理论及实证的创新研究。本书的创新点主要包括：第一，将均值方差模型和风险收益模型相结合，构建了中国养老保险基金投资组合模型，区别于受限或者所受约束为线性或二次型函数的模型；第二，在风险收益投资组合的最优化模型中，本书使用广义 Rachev 比率作为测量投资组合风险收益表现的目标函数，并应用门槛接受算法求解非线性最优化问题；第三，养老保险基金投资面临诸多金融风险，包括随机溢价风险、负债风险、利率风险和通货膨胀风险等。本书提出利用 VaR 和 ES 两种工具对中国养老保险基金投资风险进行测度，对金融市场上的利率风险和通货膨胀风险进行时间序列分析，并对这两种风险的动态演化过程进行了数据模拟，利用随机动态控制理论和方法，提出了养老保险基金动态最优投资组合的理论表达式，并讨论了养老保险基金动态最优资产配置对风险规避的重要作用。

本书的研究成果在一定程度上弥补了国内养老保险基金投资组合模型及其影响因素分析等方面的不足；同时，拓展了新兴市场经济条件下养老保险基金资产投资组合的理论和实证分析，为政府和养老保险基金投资机构在金融市场上进行动态最优资产配置提供了更符合中国金融市场发展现实的理论依据和实践指导。

第五节　研究局限与展望

本书对中国养老保险基金投资回报进行了理论和实证研究，并通过模型建构和实证分析得出了可靠和令人信服的研究结论。在实际研究过程中，本书还获得了一些新的发现，例如，中国股票市场的回报率及其波动性可以根据较长时间序列数据进行拟合，基于随机最优控制理论和方法可以对养老保险基金投资进行动态最优资产配置等；这为未来关于养老保险基金投资的进一步拓展研究奠定了基础，并提供了更广阔的研究空间。尽管如此，本书仍然存在一些不足之处，以下几方面内容还有待于进一步研究和探索。（1）在对养老保险基金投资进行建模时，假设养老保险基金投资者拥有完全的信息，可以直接观察到布朗运动的运动轨迹和资产收益率的漂移系数，并可以准确估计模型的全部参数。事实上，金融市场的投资者往往只拥有不完全信息，只能观察到股票资产的价格过程，在通过历史数据和计量方法对参数进行估计时，由于信息不完全，这些参数估计值并不能准确描述真实的数据生成过程，从而在参数估计中存在一定误差，导致养老保险基金投资组合模型存在一定的参数不确定性。因此，在未来研究投资组合尤其是跨期投资选择时，可以尝试引入不完全信息及知识学习和逻辑推演过程，构建更完美的金融数学模型。（2）现实条件下的金融市场是不完美的，尤其是中国、俄罗斯和印度等新兴市场国家的金融市场，其市场成熟度不高，并在市场交易中存在各种摩擦成本。在下一步研究中，有必要对模型进行拓展，增加一些控制参数来分析交易成本和非流动性资产对养老保险基金投资组合及其回报的潜在影响。（3）金融市场发展迅速，金融创新业务和产品不断涌现。在金融市场进入了互联网和大数据时代的情况下，金融市场投资的智能化和数据化决策（大数据、云计算和人工智能等）将成为一种趋势。这就需要在未来研究中充分考虑金融市场的变化和高科技发展趋势，在金融数学模型建构与实证分析中采取多学科交叉和协同的研究方法。（4）因为政策的限制和数据的不可得性，如养老保险基金投资的海外市场限制、基本建设投资和房地产投资的相关数据缺失等，导致本书所选取的样本数据十分有限，这对本书的实证研究或许存在某种不确定性影响。在未来的研究中，应综合运用金融统计学和现代信息管理科学（大数据、决策树和人工智能等）理论与方法，采用高频数据的量化算法，对中国养老保险基金投资回报和风险控制等问题进行拓展研究。

综上所述，中国养老保险基金投资回报理论和实证研究是一项有意义且富有挑战性的工作，目前仍有很多理论和现实问题亟待进行进一步研究和解决。在今后的研究工作中，笔者将就本领域的这些问题进行深入研究和探索，为中国养老保险制度的建设与发展、社会经济的稳定和可持续发展贡献更多的智慧。

第二章

相关概念界定及理论基础

近年来，养老保险基金投资已成为现代金融理论研究的热点问题之一，如何根据养老保险基金独特的属性选择合适的市场投资策略变得愈加重要。关于养老保险基金投资组合及其回报的研究已产生了很多研究成果，然而，由于理论假设严格及参数实时变化，模型的实证结果与实际的投资政策效果存在一定偏离，这正是本书试图解决的关键问题。目前，中国养老保险基金投资组合选择对金融市场发展状况估计不足，导致投资决策所表达的经济含义与政策目标存在一定差距，拟合效果不甚理想。因此，针对以上问题，本书将重点对中国新兴金融市场条件下的养老保险基金投资组合及其长期回报进行理论与实证分析。本章将介绍中国养老保险基金投资的相关概念和基本理论。首先，对养老保险基金、风险规避、资产配置、投资组合和回报率等相关概念进行界定；其次，对养老保险基金投资的理论基础进行概述，主要包括养老保险基金投资理论、养老保险基金投资组合理论和养老保险基金风险管理理论；最后，根据有限市场理论假说，提出新兴市场条件下的养老保险基金投资选择理论。这些理论将为本书的相关实证研究提供重要的理论支撑。

第一节　相关概念界定

一、养老保险基金

（一）养老保险基金体系

中国养老保险制度的核心要素——养老保险基金，形成了"三保险""一保障"的养老保险基金体系。"三保险"是指从1997年开始，中国对城镇基本养老保险制度进行改革，建立了世界银行推荐的公共基本养老金（第一支柱）、企业补充养老金（第二支柱）和个人储蓄养老金（第三支柱）相结合的三支柱模式①。"一保障"是指全国社会保障基金，即国家社会保障储备基金。它是第一支柱的有效补充，主要用于基本养老保险支出的补充和调剂。

养老保险基金三支柱模式的第一支柱是公共基本养老保险基金，其资金来源由国家、企业和个人共同承担，是养老保险基金中最基本也是最核心的组成部分；第二支柱是企业补充养老保险基金，主要包括企业年金和职业年金；第三支柱是个人储蓄养老保险基金，主要包括银行储蓄型和商业保险型两种个人自愿缴存所形成的养老保险基金。

根据国家统计局的统计资料显示，中国养老保险基金体系发展并不均衡，其中，第一支柱（公共基本养老保险基金）占据绝对主导地位。截至2017年末，全国参加基本养老保险人数达9.15亿人，积累资金为4.66万亿元，占比77%；第二支柱（企业补充养老保险基金）覆盖人

---

① 三支柱养老金模式是目前全球应用最广泛的养老金制度模式，是世界银行在20世纪90年代初期以中国为案例所提出的养老金改革模式。具体参见：Series C，Bank W. Old Age Security: Pension Reform in China，1997.

数为0. 23亿人，积累资金为1. 29万亿元，占比21%；第三支柱（个人储蓄养老保险基金）为0. 14万亿元，仅占比2%①。现阶段，在养老保险基金体系（见图2-1）中，第一支柱公共基本养老保险基金体量最大，覆盖范围最广，受益人群最多（见图2-2）。

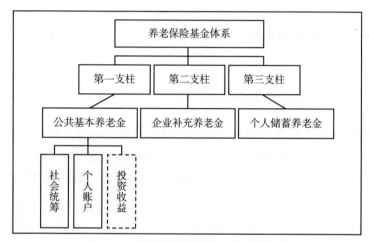

图2-1 中国养老保险基金的主要构成

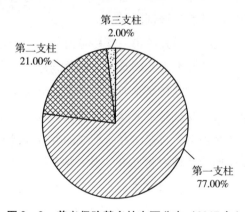

图2-2 养老保险基金的主要分布 (2017年)

资料来源：郑秉文：《中国养老金发展报告2020：养老基金与资本市场》，经济管理出版社2021年版。

---

① 人力资源和社会保障部：《2017年度人力资源和社会保障事业发展统计公报》，http://www.mohrss.gov.cn/ghcws/BHCSW gongzudongtai/201805/t20180521_294290.html。

在养老保险基金体系中，第一支柱公共基本养老保险基金占据主要地位，发展比较稳定；第二支柱是第一支柱的有效补充，且处在不断发展阶段；第三支柱属于私人养老保险计划，与前两个支柱的属性存在本质区别。本书研究的对象主要是指中国养老保险基金体系中的第一支柱，即公共基本养老保险基金，其基金规模最大，需要在金融市场上进行投资并逐步提高回报率。

（二）公共基本养老保险基金

在中国养老保险基金体系中，第一支柱公共基本养老保险基金由社会统筹和个人账户两部分组成，社会统筹采用固定收益（DB）模式，DB 模式属于现收现付制（Pay as you go system），由企业缴费，缴费率为 20% 左右，用于当期养老金支付。一般来说，因为现收现付的特征，社会统筹账户养老保险基金结余相对较少。个人账户也称为私人养老金计划，采用固定缴费（DC）模式，DC 模式是完全积累制（Fully funded），由个人缴费，缴费率一般为个人工资的 8%。个人账户在基金形成的性质上相当于个人储蓄，直到退休后方可领取。因此，个人账户养老金不仅积累时间较长，而且积累数额相对较大，是本书关于中国养老保险基金投资回报实证研究的主要对象。

二、养老保险基金投资

从要求做实个人账户基金、实现保值增值，到制定个人账户基金管理和投资运营办法，到全国社会保障基金理事会开始受托管理天津等 9 个试点省市做实企业职工基本养老保险个人账户中的中央补助资金，再到广东省和山东省先后成为全国社会保障基金投资运营和管理基本养老金结余基金的地方试点，中国养老保险基金投资运营从 2005 年起至今已经过了 17 年。2015 年，国务院颁发了《基本养老保险基金投资管理办法》，放开基本养老保险基金在权益类、固定收益类和基金等领域的投资限制（如投资股票、股票基金、混合基金、股票型养老金产品的比例不高于资产净值的30%等），标志着养老保险基金投资运营进入实质性阶段。2016年3月，国务院颁布了《全国社会保障基金条例》，对养老保险基金管理和投资运营进行了明确规定。2017年7月，人力资源和社会保障部出台基本养老保险基金投资管理办法及相关配套政策，加快启动养老保险基金委托投资。从2017年10月开始，人力资源和社会保障部组织第一批委托省份与全国社会保障基金理事会签订合同，由全国社会保障基金理事会牵头组织评审委员会，优选出第一批投资管理机构，正式启动养老保险基金市场化投资运营工作。关于全国养老保险基金投资运营的相关政策法规及详细政策规定如表2-1所示。

表2-1 中国养老保险基金投资管理政策

指标	颁布时间	文件名称	比例限制
相关政策	2005年	《国务院关于完善企业职工基本养老保险制度的决定》	—
	2014年	《关于建立统一的城乡居民基本养老保险制度的意见》	—
	2015年	《国务院关于机关事业单位工作人员养老保险制度改革的决定》	—
		《基本养老保险基金投资管理办法》	—
投资范围		限于境内投资，投资范围包括银行存款，中央银行票据，同业存单；国债，政策性和开发性银行债券，信用等级在投资级以上的金融债、企业（公司）债、地方投资范围政府债券、可转换债（含分离交易可转换债）、短期融资券、中期票据、资产支持证券，债券回购；养老金产品，上市流通证券投资基金、股票、股权、股指期货和国债期货	—
		银行活期存款，一年期以内（含一年）定期存款，中央银行票据，剩余期限在一年期以内（含一年）的国债，债券回购，货币型养老金产品，货币市场基金	≥5%
		一年期以上的银行定期存款、协议存款、同业存单，剩余期限在一年期以上的国债，政策性、开发性银行债券，金融债，企业（公司）债，地方政府债券，可转换债（含分离交易可转换债），短期融资券，中期票据，资产支持证券，固定收益型养老金产品，混合型养老金产品，债券基金（其中，债券正回购的资金余额在每个交易日均不得高于养老基金资产净值的40%）	≤135%
		股票、股票基金、混合基金和股票型养老金产品	≤30%

续表

	国家重大项目和重点企业股权	≤20%
投资范围	不得用于向他人贷款和提供担保，不得直接投资于权证，但因投资股票、分离交易可转换债等投资品种而衍生获得的权证，应在权证上市交易之日起 10 个交易日内卖出	—
	交易可转换债等投资品种而衍生获得的权证，应在权证上市交易之日起 10 个交易日内卖出参与股指期货、国债期货交易，只能以套期保值为目的，并按照中国金融期货交易所套期保值管理的有关规定执行；在任何交易日日终，所持有的卖出股指期货、国债期货合约价值，不得超过其对冲标的账面价值	—

资料来源：人力资源和社会保障部，http：//www.mohrss.gov.cn/，2019 年。

　　根据人力资源和社会保障部的统计资料显示，全国 9 家试点委托给全国社会保障基金理事会管理的养老保险基金年均收益率为 5% 左右。从 2012 年开始，养老保险基金的收入增速持续低于支出增速，2017 年稍有改善。2007 ~ 2017 年养老保险基金收入复合增长率为 19.52%，明显低于支出的复合增长率 21.09%[①]。以此为基准，可以静态测算未来养老保险基金收入及支出的增长率水平。从 2028 年开始，养老保险基金收入将小于养老保险基金支出，即养老保险基金净收入为负。从养老金存量来看，2027 年存量达到顶峰（12.18 万亿元），之后逐年下降，到 2033 年养老金存量将消耗殆尽。人口结构转变和老年抚养比的不断上升，导致养老保险基金过早出现收支缺口，并加快了养老保险基金的消耗速度。在这种情况下，加快中国养老保险基金市场化投资进程并逐步提高投资回报率已迫在眉睫。本书将在以上养老保险基金投资运营的相关法律法规和政策规定框架内，对中国养老保险基金投资组合及其回报进行理论和实证研究。

---

　　① 新华网：透视养老目标基金——"长钱"或适当熨平 A 股短期波动，http：//www.xinhuanet.com/fortune/2018 – 08/07/c_129928359.htm。

三、风险规避

美国学者加拉格尔（Gallaghaer，1956）首次在研究报告中提出风险规避的概念，随后众多学者进行了深入研究和探讨。风险规避和风险控制逐渐形成了经济主体对风险采取特定步骤和措施从而消除或者减小市场风险的理论体系。总结起来，风险规避的四个步骤主要包括风险识别、风险评估、风险规避策略和效果评价。（1）风险识别是指经济行为主体运用各种方法，系统和连续地找出所面临的各类风险并分析导致风险发生的潜在影响因素。（2）风险评估是指在风险识别的基础上，准确估计风险发生的概率和损失程度。（3）风险规避策略是指对经过识别和评估后的风险采取相应措施加以防范，以及降低风险发生的概率。它是风险控制中最关键的步骤，包括风险规避、风险转移和风险控制方法等，通过风险规避策略能够尽可能地减少或消除风险所造成的损失。（4）效果评价是指通过对风险管理方法有效性进行全面分析、检查、修正和合理评估后，对整个风险控制过程进行总结与反馈，并为今后的风险管理提供更多有价值的信息和指导。

风险规避理论可划分为早期风险规避理论和现代风险规避理论两个阶段，早期风险规避理论的主要思想是风险分散原理。随着经济全球化和金融自由化进程的不断加快，金融市场风险越来越复杂，尤其是金融危机的出现，导致早期的风险控制理论已不再适用，这从根本上促进了现代风险控制理论体系的形成。在开放的市场经济条件下，现代风险控制理论运用多学科交叉和协同的方法，对金融市场投资过程中的系统性风险（如利率波动、通货膨胀风险等）和非系统性风险（如投资管理风险、代理人风险、信用风险等）进行研究。现代风险控制理论主要包括风险价值模型和全面风险控制模型（Comprehensive risk management）两种理论模型。近年来，现代风险控制理论也逐步引入了系统动力学、随机最优控制和行为金融学等分析方法。国内外研究表明，风险控制在金融市场投资中与追逐收益同等重要。根据底线安全特性，在养老保险基金投资过程中，在考虑稳定长期收益率的同时，还应合理规避各种投资风险。

四、资产配置

在金融市场投资过程中，每个投资主体都将面临资产配置。例如，是持有现金还是存在银行，是短期还是长期，如何在银行存款、股票、债券、基金、股权等金融资产中进行最优配置等。如果把养老和医疗等社会保障视为政府的责任，它就相当于国家资产负债表上的负债。当社会保障基金比较充裕时，政府在履行这些责任时就会游刃有余；相反，如果社会保障基金不足时，政府在履行这些责任时就会捉襟见肘，要么需要降低替代率水平，要么需要提高税负。由此可见，加强养老保险基金投资运营并通过合理的资产配置提高回报率，不仅可以提高养老保障水平，也可以降低税负并实现代际公平。资产配置是养老保险基金投资的关键环节，因此，养老保险基金投资的首要任务就是进行科学合理的资产配置。

世界上不存在最好的资产配置组合，但是却存在在一定限制条件下的最优资产配置组合。从这个意义上说，每个国家的最优组合不尽相同。从理论上说，不同投资者的风险容忍度不同，无差异曲线的斜率也就不同。投资者的最优资产配置就是该投资者的无差异曲线与有效前沿相切的那一点对应的资产配置。

五、投资组合

投资组合是指由投资者在金融市场上的股票、债券、金融衍生产品等金融资产进行选择所组成的投资工具集合，根本目的就是在有效控制投资风险的基础上，最大限度地提高投资收益。从理论上说，资产配置是资产选择的过程，投资组合是资产配置的结果。

下面通过金融数学模型来理解投资组合的概念。假设一个特定的金融账户存有一笔资金 M，需要在金融市场上进行投资并获得投资收益。金融市场有 n 种投资工具可供选择，集合为 X = {x₁, x₂, …, xₙ}，资产配置到各种投资工具中的权重向量为 w = (w₁, w₂, …, wₙ)，资产的增值和安全等需求用数学函数 s(w) 来表示，那么，M 的资产配置就形成了一个投资组合，表示为：$\Omega(M) = \{x_j \in X\}$，M 的最优投资组合可以通过 $w^* = \arg\min s(w)$ 来获得。

在金融市场上进行投资，投资组合可以看成两个层次的组合。第一个层次基于安全性与收益性的双重需要，考虑风险资产与无风险资产的组合，基于安全性需要组合无风险资产，基于收益性需要组合风险资产。第二个层次重点考虑如何组合风险资产，由于任意两个相关性较差或负相关的资产组合获得的风险回报都会大于单独资产的风险回报，因此，剔除投资组合中相关性较差的资产可以使得投资组合的有效前沿远离风险。从投资者的角度观察，投资者把资金按一定比例分别投资于不同种类的有价证券或同一种类有价证券的多个品种上，这种分散的投资方式就形成了有效的投资组合。金融市场通过投资组合分散风险，即"不把鸡蛋放在一个篮子里"，这是证券投资基金成立的内在逻辑。本书将养老保险基金作为一种特殊的证券投资基金，对其投资组合及回报率进行理论和实证分析。

六、回报率

在宏观经济动态运行中，如果养老保险基金在金融市场上进行投资，其投资收益水平和投资效率则由金融市场的投资回报率决定。在 DC 型养老金计划中，回报率直接决定养老保险基金的积累额及最终养老金给付水平。养老保险基金投资回报率定义为实际收益与投资成本的比率。养老保险基金投资回报率越高，则养老保险基金投资的收益能力越强。

假设 r 代表 n 年内的平均回报率，那么 1 单位养老保险基金在 n 年后的现值用下式表示：

$$v^n = \frac{1}{(1+r)^n} \qquad (2.1)$$

其中，v^n 代表一单位养老保险基金按照年平均回报率 r，在投资 n 年后所获得的资产现值。回报率是养老保险基金投资中的一个重要概念，也是衡量养老保险基金投资收益水平高低的关键指标。需要说明的是，投资回报一般是指资产投资（A）所获得的盈利或超额价值（B），而回报率是资产投资所获得盈利或超额价值与资产总额的比值，即 R = B/A。本书中的回报和回报率有时具有相同含义，需要根据表达的具体语境来理解。

第二节 理 论 基 础

一、养老保险基金投资理论

在宏观经济动态运行中，养老保险基金投资是社会保障研究中的基础理论问题，也是促进养老保险基金长期收支均衡和制度运行优化的关键环节。本书通过构建基于 OLG 的养老金均衡模型，分析养老保险基金投资回报率对养老金长期财务收支均衡的影响效应，用以说明养老保险基金市场化投资的必要性[1]。

在世代交叠经济中，假设社会个体生存两期：工作期和退休期。在工作期，提供劳动，获得工资收入，并用于家庭储蓄和消费；在退休期，退出工作并失去工资收入，主要依靠养老金和储蓄维持消费水平。在这种情况下，一个代表人在整个生命周期内的预算约束表示为：

$$c_t = (1 - \mu)w_t + s_t \qquad (2.2)$$

---

[1] 本部分的模型设计参考了赫国胜和柳如眉（2018）的研究模型。详见：赫国胜、柳如眉：《少子老龄化、养老金均衡与参量改革——基于中日韩 OLG 模型实证分析》，载《人口学刊》2018 年第 6 期。

$$c_{t+1} = B_t + (1 + r_{t+1}) s_t \qquad (2.3)$$

其中，c_t 为工作期消费，w_t 为工资收入，s_t 为储蓄，μ 为养老金缴费率；c_{t+1} 为退休期消费，B_t 为养老金，r_{t+1} 为市场利率。社会个体的理性目标就是在上述预算约束条件下，追求整个生命周期的效用最大化。

根据现收现付制养老金计划，假设 t 期退休的老年人数为 L_{t-1}，养老金替代率为 R_t，退休前平均工资为 W_{t-1}，那么，t 期的养老金总需求 B_t 为：

$$B_t = L_{t-1} R_t W_{t-1} \qquad (2.4)$$

假设 t 期劳动力就业人数为 L_t，缴费率为 μ_t，平均工资为 W_t，那么，t 期的养老金总供给 S_t 为：

$$S_t = L_t W_t \mu_t + (1 + r) L_t W_t \mu_t \lambda \qquad (2.5)$$

其中，λ 为养老金投资比例，r 为回报率。

根据劳动要素初次分配原理，国内生产总值（GDP）按照劳动要素分配系数进行初次劳动分配，因此，劳动力平均工资表示为：

$$W_t = \frac{G_t H_t}{L_t} \qquad (2.6)$$

其中，H_t 为劳动要素分配系数，G_t 为国内生产总值（GDP）。

假设 t 期 15~64 岁劳动年龄人口数为 L_{1t}，65 岁及以上老年人口数为 L_{2t}，老年抚养比为 D_t，很明显，$D_t = L_{2t}/L_{1t}$，进行以下等价变换：

$$B_t = \frac{L_{t-1}}{L_t} \times \frac{R_t G_t H_t}{(1 + g)} \times D_t \times \frac{L_{1t}}{L_{2t}} \qquad (2.7)$$

其中，g 为工资增长率（$W_t = (1 + g) W_{t-1}$）。

对式（2.7）进行整理，养老金总需求 B_t 最终表示为：

$$B_t = \frac{D_t O_t R_t G_t H_t}{LR_t (1 + g)} \qquad (2.8)$$

其中，O_t 为领取养老金人数比重（L_{t-1}/L_{2t}），LR_t 为劳动力参与率（L_t/L_{1t}）。

利用式（2.5）对式（2.4）进行等价变换，则养老金总供给 S_t 表示为：

$$S_t = G_t H_t (\mu_t + (1 + r)\lambda) \qquad (2.9)$$

根据现收现付制条件下养老金供求关系，建立以下的养老金均衡模型：

$$\kappa_t = \frac{S_t - B_t}{G_t} \qquad (2.10)$$

其中，κ_t 为养老金均衡比率（养老金收支盈余或赤字占 GDP 的比重），当养老金收支平衡时，$\kappa_t = 0$；当养老金收支盈余时，$\kappa_t > 0$；当养老金收支出现赤字时，$\kappa_t < 0$，此时，κ_t 表示养老金负债率（养老金赤字占 GDP 比重）。

将式（2.7）和式（2.8）代入式（2.10），则得到以下的养老金均衡模型：

$$\kappa_t = \left[\mu_t + (1 + r)\lambda - \frac{D_t O_t R_t}{L R_t (1 + g)} \right] H_t \qquad (2.11)$$

由此可见老年抚养比、养老金替代率、缴费率等变量是决定养老保险基金收支均衡的主要参数。老年抚养比、养老金替代率、领取养老金人数比重与养老金负债率呈负相关，而缴费率与退休年龄与养老金负债率呈正相关。养老金投资比例及回报率对养老金收支均衡存在重要影响，提高养老金投资比例和回报率将有助于显著改善养老保险基金的长期收支平衡。从基于 OLG 的养老保险基金收支均衡模型可以看出，加强养老保险基金投资运营和提高投资回报率，不仅将有助于改善养老保险基金的长期收支均衡，而且对养老保险制度的运行优化（如提高养老金替代率或降低缴费率等）也将产生积极的正向影响。

在金融市场上，养老保险基金投资需要遵循安全性、收益性、长期性和合法性 4 个基本原则。

第一，安全性原则。安全是养老保险基金投资的首要原则，也是底线原则。养老保险基金具有全体社会成员共同拥有的公共属性，无论采取何种投资策略，都不能越过安全性的底线原则。养老金是亿万国民的"养命钱"，直接关系民生福祉，无论怎么强调其安全的重要性都不为过。目前，养老保险基金主要由政府负责投资运营与监管，其安全性在一定程度上直接影响政府的公信力。养老保险基金投资管理机构实行严格的市场准入制度，国家遴选优秀的投资管理机构担任其合法的投资代理人，投资的安全性得到了相对有效保证。养老保险基金投资安全主要包括本金安全和投资收益增加及其波动率较低等要求。本金安全是养老保险基金投资安全的底线。虽然养老金投资管理不能限定绝对保本，但是公共养老金的性质决定了保本是投资管理的最根本目标。如果养老保险基金本金遭受损失，就表明其投资运营失败。养老保险基金化投资，投资绩效难免会受到金融市场波动影响。养老保险基金投资的委托人普遍都是风险厌恶型投资者，因此，保持投资收益率相对稳定和安全也是投资机构满足委托人投资偏好的基本要求。为确保养老保险基金投资安全，政府部门要加强市场投资监管，从制度建设到机构准入再到投资绩效，都要实行全过程监管。金融市场上的投资机构要严格遵循保本投资策略，通过规范化和专业化的投资流程和保险来确保投资安全。

第二，收益性原则。在投资安全的基础上追求高投资收益，这是理性的市场行为。养老保险基金之所以采取市场化投资，目的就是为了实现保值增值。养老保险基金的长期投资收益率原则上必须超越通货膨胀率、银行存款利率和国债利率等指标。如果不能通过合理的投资组合提高投资回报率，那么，养老保险基金市场化投资就无法实现在控制风险的基础上追逐长期回报最大化的预期政策目标。

第三，长期性原则。长期投资是养老保险基金投资的天然特征和本质要求，也是养老保险基金投资的独特优势之一。养老保险基金投资涵盖了个人的整个生命周期，时间长度一般超过 50 年。全国社会保障基金是养老保险基金的国家战略储备，原则上只进不出。基本养老保险基金投资的主要目标在于提高基金的充足性，而不是追求流动性。在投资期限上，养老保险基金投资主要的担忧不是"短资长配"而是"长资短配"。长期投资的特性可以使养老保险基金在金融资本市场发挥投资稳定器作用。基于长期性原则，养老保险基金的投资管理合同、投资管理策略和投资管理绩效评价都应从长计议。相对较长的投资管理合同期限，可以支持养老保险基金投资管理人优化策略、规范投资行为和追求长期稳定的投资回报率。因为投资的长期性，养老保险基金投资可以较大比例投资合格的具有较高投资收益的长期投资工具，包括权益类投资工具。因此，养老保险基金投资不能因为追逐短期利益而采取投机性的投资方式，或者实行类似"羊群效应"的非理性投资。

第四，合法性原则。养老保险基金投资都应制定相应的法律法规，依法投资、合法投资、依法管理是养老保险基金投资始终在正常轨道上有序运行的根本保证。市场化和法治化是养老保险基金投资运营的两翼。中国对养老保险基金投资运营都做出了明确和严格的法律规定，完全区别于欧美和日本等发达国家所采取的"审慎投资法则"。中国养老保险基金投资采取严格的数量限制原则，即对养老保险基金投资范围和比例做出了严格限制，投资的自由裁量权也非常有限。养老保险基金投资管理法律法规不仅要对资产配置进行明确规定，而且还要对投资机构、资产安全、风险控制、投资行为和投资监督等做出明确要求。

二、养老保险基金投资组合理论

投资组合理论由著名经济学家哈里·马科维茨于 1952 年首次提出，已成为现代金融理论的代表性成果。投资组合理论的理论推导过程是将资产配置组合的价格变化视为随机不确定变量，用资产组合的均值来衡量收益，用资产组合的方差来衡量风险。投资组合理论将风险视为投资收益的波动，把投资组合中各资产之间的配比视为变量。养老保险基金投资组合可以简单理解为金融数学模型的二次规划：一是在同等收益的条件下，选择风险最小化的资产配置；二是在风险相同的条件下，选择收益最大化的资产配置。

假设投资者从多种风险金融资产中选取投资组合。在某一时点，通过计算金融资产的回报率，根据均值方差模型，只需考虑该概率分布的前两个矩，即期望收益和方差。投资组合追求高收益率，并相应地需要极小化风险厌恶系数。此方法是一个最优化问题，含义为在给定的预期收益水平中寻求风险最小化的投资策略。由于实际中的参数是未知的，因而在理论上不可能获得真实的最优值。马科维茨在后续研究工作（1959）中用参数的估计值代替了真实值。目前，通常使用二次规划极小化含线性约束条件的二次型的目标函数来进行最优化分析。在这种方法中，常见的两种线性约束条件包括等式的和不等式的。线性等式约束条件可写为 Aw = a，线性不等式的约束条件可写为 Bw ≥ b。二次规划是一种迭代方法：先设置一个猜测值，然后连续改变投资组合参数直到满足收敛条件为止。在每次迭代过程中，都需要计算投资组合的均值和方法。由于 $\hat{\mu}$ 和 $\hat{\sigma}$ 是固定的，计算时间随着资产数目增长，但与实际的观测数据点数目无关。多年来，马科维茨的均值方差模型已成为金融市场投资的重要理论基础。然而，马科维茨的均值方差模型也存在一定缺陷，其中之一就是因为在投资组合中使用估计值代替真实值，从而导致估计值准确度带来的预测风险在此模型中被忽视了。另外，对数值计算结果的使用导致数值计算存在一定误差，这一误差导致最优投资组合难以完全保证。

在马科维茨投资组合理论的基础上，本书还运用切线投资组合理论进行分析。切线投资组合理论是指根据最大化超额回报率与投资组合波动率比值而得到的投资组合（Tobin，1958）[1]。也就是说，在养老保险基金投资过程中，需要解决满足约束的最优化问题，其中，需要添加无风险利率。这一最优化问题当且仅当至少存在一个收益大于无风险利率的投资组合才有意义。如果超额回报率为负，投资者就不愿意持有任何风险资产。

三、养老保险基金风险管理理论

国内外研究表明，金融市场可能存在某些不恰当的激励机制使得投

---

[1]　与马科维茨均值方差投资组合不同，切线投资组合更接近于风险收益均衡，即根据最大化收益与风险比率来确定投资组合。具体参见：Tobin J. Estimation of Relationships for Limited Dependent Variables. *Econometrica*, Vol. 31, No. 1, 1958, pp. 24 – 36.

资机构将养老保险基金投资到具有较高系统性风险的资产上。大多数研究是基于金融市场核算方法能够精确评估市场风险而得出这一结论的。然而，对冲养老保险基金投资风险也是养老保险基金投资风险规避的一种策略，这就客观上要求养老保险基金投资管理者需要充分考虑金融市场未来可能出现的各种风险。因此，对养老保险基金投资风险进行动态最优管理至关重要。

目前，国内外大多数学者都在投资组合理论的基础上研究养老保险基金投资的风险管理问题，这些研究的基本逻辑是隐含假设合理的资产配置能够有效抵消市场投资风险，实际上这一假设是存在一定缺陷的，因为它没有充分考虑市场风险的多元性和复杂性，它要求必须进行有效的人为风险管理。布莱克（Black，1989）提出，如果养老保险基金管理者使用养老保险基金的 ABO 测度方式，那么基金的投资组合应全部投资在债券上，而如果使用 PBO 测度方式，既然股票收益与工资增长呈正相关，就应将一部分养老保险基金投资到股票资产中。佩斯金（Peskin，2001）也持有类似的观点并主张 20%～90% 的养老保险基金应配置在股票资产上。卢卡斯和泽尔德斯（2009）提出一个投资组合风险分析模型，实证结果表明：如果养老保险基金债务对工资很敏感，那么就应将养老保险基金更多地配置在股票资产上。养老保险基金风险管理还包括如何应对利率波动和通货膨胀对养老保险基金的侵蚀，这需要对金融政策和货币政策做出一定的对应调整。此外，养老保险基金风险管理还应降低非系统性风险发生的概率，如代理人风险、投资绩效风险和信用风险等。这就需要加强市场规制和基金监管来约束投资者选择理性的投资行为并以绩效评价作为重要的辅助手段。在理论分析的基础上，本书将对中国养老保险基金投资的主要风险进行测度并提出相应的风险管理策略。

第三节 新兴市场条件下养老保险 基金投资选择理论

一、有限市场理论假说

马科维茨的投资组合选择理论是以完全竞争市场为基础的，根据完全市场的基本假设进行模型建构和实证检验并得出实证结果。然而，根据国内外学者的研究结果，世界上大多数国家特别是新兴市场国家的市场体制并不成熟，尤其是资本市场尚存在运行机制和政策上的缺陷。如果简单套用国外已有基金投资、资产配置和风险管理等模型就会存在理论上的缺陷并导致实证结果出现偏离。基于此，根据新兴市场发展状况及主要特征，结合经济学已有的经典理论，下面对新兴市场国家的有限市场模型进行理论分析。

一般情形，任何一个市场至少同时满足以下 3 个条件，就被视为企业自由和公平竞争条件下的完全市场机制。

条件（1）为市场公平，是指所有企业在市场中处于自由和平等的地位，企业在市场上是完全自由和公平竞争的。市场公平函数表示为：

$$M(x_1) = M(x_2) = \cdots = M(x_n) \tag{2.12}$$

其中，$M(x)$ 为市场函数，x_n 表示市场中的企业，n 代表企业数量。

条件（2）为政策公平，是指市场中的企业受到政府所有政策的公平对待，即任何一项经济政策的企业无差异化。政策公平函数表示为：

$$P(x_1) = P(x_2) = \cdots = P(x_n) \tag{2.13}$$

其中，$P(x)$ 为政策函数，x_n 表示市场中的企业，n 代表企业数量。

条件（3）为有效市场，是指市场机制能够通过合理的资源配置、政策配置和完全信息配置来实现市场竞争均衡，并形成有效运行的机制。资源配置的市场有效性根据帕累托最优理论进行判断和识别。政策配置的市场有效性根据蒙代尔提出的有效市场理论作为理论依据[1]，政府的宏观经济政策，如财政政策和货币政策，都能够根据政策目标的合理配置及宏观调控实现整体目标。股票市场的有效性根据法玛的有效市场假说作为判定标准，金融市场上的全部企业都拥有完全平等的信息，任何企业都无法通过信息的不对称性或者违规行为操纵市场价格，此时，股票市场实现了完全竞争均衡[2]。政策配置的有效市场函数表示为：

$$Y = AX \qquad (2.14)$$

其中，Y 为政策目标向量（y_1，y_2，…，y_n），X 为政策向量（x_1，x_2，…，x_n），每一项政策都对应一个政策目标，A 为系数向量。

广义上说，如果同时满足以上 3 个条件，就可视为完全市场，而只要有一个条件不满足，那么就被视为有限市场。

完全市场的理论模型如图 2 - 3 所示。显然，目前大多数新兴市场国家和发展中国家的金融市场都属于有限市场，即它不能至少满足完全市场的市场公平、政策公平和有效市场的 3 个基本条件。

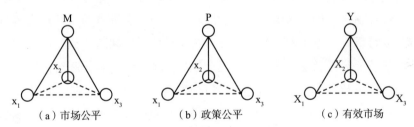

（a）市场公平　　　　　（b）政策公平　　　　　（c）有效市场

图 2 - 3　完全市场的理论模型

① 根据蒙代尔提出的有效市场理论，若干宏观经济政策（例如货币政策与财政政策）的协同最优化配置能够实现同一政策目标并实现内部市场和外部市场的共同均衡。具体参见：Mundell R A. The Appropriate Use of Monetary and Fiscal Policy for Internal and External Stability. *IMF Economic Review*，Vol. 9，No. 1，1962，pp. 70 - 79.

② 根据尤金·法玛提出的有效市场假说，只要证券市场的信息是完全公平的，那么任何企业都不能够在市场上获得超额回报，此时市场就实现了均衡，并认为是有效市场。具体参见：Fama E F. Efficient Capital Markets：A Review of Theory and Empirical Work. *The Journal of Finance*，Vol. 25，No，2，1970，pp. 383 - 417.

根据完全市场模型，企业在市场上是完全平等和自由竞争的，它们按照市场看不见的手，以及市场理性和利润最大化的原则正常且理性地组织生产经营活动；政府所实施的任何经济政策和市场规制将有效市场作为唯一的政策目标，并对市场上的全部企业是完全公平的。有限市场是指不满足完全市场模型条件的市场机制，即不能同时满足市场公平、政策公平和有效市场 3 个基本条件。有限市场理论假说表明世界大多数新兴市场国家和发展中国家的市场机制尚处在发育和发展阶段，特别是代表整个宏观经济运行晴雨表的股票市场机制不成熟或存在某种缺陷，这将对养老保险基金或者其他类型的金融产品投资产生某种约束或者严重的负面影响。

二、新兴市场条件下养老保险基金投资组合策略

根据有限市场理论假说，目前绝大多数新兴市场国家和发展中国家的市场（如中国、俄罗斯和印度等），基本上属于有限市场，即这些新兴市场国家的市场不能同时满足市场公平、政策公平和有效市场 3 个基本条件。新兴市场国家虽然经济发展较快，但是金融市场尤其是股票市场的运行机制尚不成熟，甚至存在一些比较明显的缺陷。金融市场的有限市场特征对养老保险基金投资组合策略选择产生显著的制约作用，表现出与欧美和日本等发达国家金融市场投资有着明显区别的独特特征和发展规律。新兴市场经济体的股票市场与欧美和日本等发达国家的成熟股票市场相比较，主要具有以下特征：（1）根据市场规模分类，市场规模较小，基金集聚水平较低；（2）根据市场运行分类，股票市场换手率较高，波动幅度较大，投资过程呈现较强的投机性和不稳定性；（3）根据市场规范程度分类，股票市场法律法规不健全，或者市场规制和执法力度较弱，股票市场投资监管理念、方法和技术等严重滞后；（4）根据投资者构成分类，股票市场主要以个体投资者为主，未形成以市场完全竞争为基础的投资机构或基金公司为主体的投资行为主体结构。

根据有限市场理论假说，新兴市场国家的股票市场的主要特征可以归纳和提炼为如图2-4所示的理论模型。

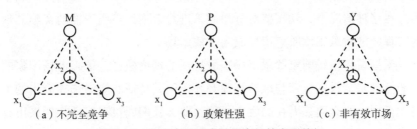

图2-4　新兴市场国家股票市场的主要特征

根据有限市场理论假说，新兴市场国家股票市场可以从理论模型上归纳为具有以下3个特征。一是市场上的企业是不完全竞争的，如$M(x_1) > M(x_2)$，主要表现在市场规模较小，个人投资者是市场投资的主体，完全自由竞争的企业投资主体格局尚未形成。例如，中国目前尚未建立欧美和日本等发达经济体的投资机构或者基金公司的投资代理人管理模式。养老保险基金投资基本上以政府委托代理人的形式进行，这种模式是不完全竞争市场模式，本质上存在天然的缺陷，导致基金投资要么面临潜在漏洞或者风险，要么投资绩效或者长期回报不足。二是股票市场存在较强的政策性，如$P(x_1) > P(x_2)$，即股票市场的波动幅度受宏观经济政策影响较大，这在一定程度上增加了养老保险基金投资的潜在风险，对养老保险基金投资的长期回报率也将产生严重的不利影响。此外，股票市场政策性强的特征导致一些投资机构或者个人利用不完全信息在股票市场套利或者非正常获得收益，这对养老保险基金投资长期收益的稳定性也将产生负面冲击。三是政府在金融市场特别是股票市场的市场规制和实施的宏观经济政策或者调控手段不能达成蒙代尔有效市场分类原则，如$Y \neq AX$。这将直接导致若干宏观经济政策的组合不能达成一致的政策目标，结果可能导致非有效市场的形成。例如，货币政策隶属于中央银行，而财政政策隶属于财政部，两项政策均有各自不同的政策目标，如果二者不能进行紧密配合，反而各自为政的话，那么就不能实现统一的最优政策目标。例如，扩张性货币政策将提高市场利率，对养老保险基金投资产生积极的正向影响，但是它会抑制资本投资和消费，对经济产出产生不利影响，从而对股票市场产生某种抑制作用。在这种情况下，就需要对货币政策进行合理调整或者辅助实施其他的宏观经济政策以使股票市场成为有效市场。

根据新兴市场国家股票市场一般特征的理论模型，新兴市场国家的养老保险基金投资运营与风险管理必须按照其特征和规律选择恰当的策略，否则，要么面临潜在的巨大风险，要么长期回报率偏低。新兴市场国家的养老保险基金投资的政策目标并非完全追求高投资回报率，而是在近期以金融市场整合为主，强调养老保险基金投资的安全性和能够对冲风险的最低回报率，中长期伴随金融市场的发展选择提高投资回报率的高风险投资组合。另外，作为社会保障体系的重要组成部分，养老保险基金投资应与政府的其他资产和债务进行协同考虑。例如，除去控制自身的债务风险，养老保险基金投资政策还应该考虑能够对冲政府债务风险。相对于中央政府，地方政府可能缺乏足够的政策措施来解决日益加重的养老金缺口。因此，地方政府的政策目标重点是维持养老保险基金的稳定投资运营，采取切实有效的措施降低不可持续的财政赤字。即使养老金收支缺口可以通过财政转移支付或者直接增加政府债务水平等手段暂时缓解，风险对冲也应该是新兴市场国家在养老保险基金投资过程中需要考虑的风险管理策略。基于此，中国养老保险基金投资的政策目标是既要满足养老金支付的需要，也要尽量降低投资回报率难以达到养老金支付要求的潜在风险。在有限市场条件下，如果想要进行对冲风险，新兴市场国家应该将养老保险基金投资到回报率超过养老金债务风险的资产上，尤其是在宏观经济下行的发展周期。从中长期来看，新兴国家的金融市场特别是股票市场机制，伴随着社会经济的不断发展而逐步成熟，股票市场也将从有限市场转变为完全市场，政策法规逐步健全和完善，投资工具不断成熟与发展。此时，养老保险基金投资组合策略将选择从目前的风险厌恶—收益较低的稳健性投资策略向风险中性或者风险偏爱的高风险—高回报投资组合发展。

　　在后续的章节里，本书将以中国新兴金融市场为例，提炼出养老保险基金投资组合模型及其目标函数和约束条件。根据新兴市场国家的有限市场条件，利用金融数学模型对养老保险基金投资组合及其回报率进行实证分析。

第三章

养老保险基金投资
回报现状分析

　　中国是世界人口大国，也是人口老龄化最严重的国家之一。现阶段，中国已建立了覆盖城乡居民的基本养老保险体系。这基本上是世界最大的社会福利工程，成功解决了中国约2.4亿老年人口的基本养老保障问题。伴随着社会经济的发展和养老保险覆盖面的扩大，养老保险基金规模也不断增加。在宏观经济动态运行中，如何对规模庞大的养老保险基金进行市场化管理和投资运营并提高投资回报率，是养老保险制度运行中亟待解决的关键问题之一。本章将对中国养老保险基金投资及回报率的实际状况进行分析。

第一节　养老保险基金规模与投资需求

一、养老保险基金规模

　　在基本养老保险制度发展的过程中，随着基本养老保险覆盖面的逐步扩大，中国养老保险基金规模也不断扩大。1989年，城镇基本养老保险参保人数仅为5710万人，而截至2018年底，基本养老保险参保人数已超过 9.4 亿人，其中，参加城镇企业职工基本养老保险的人数为 4.18 亿人，参加城乡居民养老保险的人数为 5.23 亿人①。在基本养老保险覆盖面逐步扩大的情况下，中国基本养老保险基金总量也大幅增加；截至 2018 年底，养老保险基金规模达到了 5.4 万亿元②。同时，养老保险基金资产规模增速较快，占国内生产总值的比重也呈逐年上升趋势，2018 年养老保险基金总量占GDP 的比重达到了 6%（见图 3-1）。

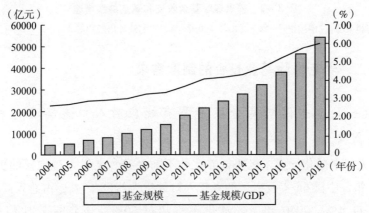

图 3-1　养老保险基金的规模和水平（占 GDP 比重）

资料来源：《中国统计年鉴》（2005~2019 年），中国统计出版社。

在人口老龄化不断加剧的背景下，养老保险基金收入规模增长近年来有所放缓，而支出规模却大幅提高，从而造成基金年度收支差额出现持续下滑，从 2004 年的 35% 下降到 2018 年的 14%（见图 3-2）。在人口老龄化不断加剧的背景下，这将成为中国养老保险基金收支规模变化的长期特征。

---

① ②　人力资源和社会保障部：《2018 年度人力资源和社会保障事业发展统计公报》，ht-tp：//www. mohrss. gov. cn/SYrlzyhshbzb/zwgk/szrs/tjgb/201906/t20190611_320429. html。

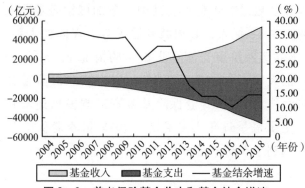

图 3-2　养老保险基金收支和基金结余增速

资料来源:《中国统计年鉴》(2005~2019年),中国统计出版社。

二、养老保险基金投资的制度需求

(一) 养老保险基金投资是有效应对人口老龄化危机的战略需要

人口老龄化导致了老年抚养比的不断上升和老年人口规模的扩大。2017年,中国65岁及以上的老年人口数量为1.58亿人,占总人口的比重为11.4%;2050年,老龄化率将超过30%,老年抚养比将达到60.1% (见图3-3)。

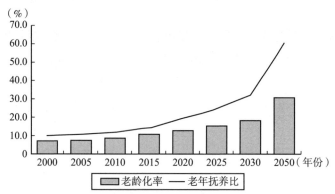

图 3-3　中国人口老龄化现状及发展趋势

资料来源:全国老龄委:《中国人口老龄化发展趋势预测研究报告》, https://wenku. baidu. com/view/77b54372647d27284b73519f. html, 2006年。

在人口老龄化不断加剧的背景下，近年来，中国退休人数增速显著高于参保人数增速，导致养老保险基金支付压力逐年扩大。2017 年基本养老保险参保人数增速为 3.1%，而离退休人数增速为 9.1%（见图 3-4）。

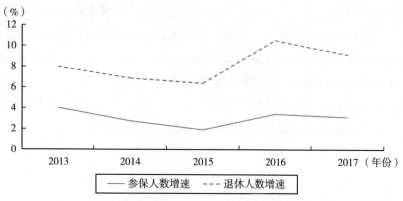

图 3-4　养老保险参保人数和退休人数增速

资料来源：《中国统计年鉴》（2014~2018 年），中国统计出版社。

在人口老龄化导致老年人口规模扩大和老年抚养比上升的情况下，中国养老保险制度的资金有效供给面临着严峻挑战。因此，从资金有效供给的角度出发，养老保险基金市场化投资运营是有效应对人口老龄化危机的战略需要。

（二）养老保险基金投资是实现养老保险制度有效运行的内在要求

基本养老保险体系主要包括城镇企业职工基本养老保险、城乡居民基本养老保险和机关事业单位基本养老保险 3 个部分，基本都实行社会统筹和个人账户相结合的部分积累制模式（机关事业单位正逐步向企业职工基本养老保险并轨）。社会统筹实行现收现付制，而个人账户实行完全基金制，即以投资为基础的积累制。在人口老龄化不断加剧的情况下，全国目前已有黑龙江、辽宁、河北等 20 多个省份的社会统筹养老金出现收支缺口。伴随人口老龄化进程的加快，养老保险基金收支失衡还将进一步扩大。根据国家统计局的数据，从 2014 年开始，全国基本养老保险基金征缴收入持续低于同期养老保险基金支出。2016 年，全国养老保险基金征缴收入为 2.85 万亿元，而养老保险基金支出为 3.4 万亿元，基金收支缺口高达 0.55 万亿元（见图 3－5）。在老年抚养比不断上升的情况下，完全依靠工作的劳动力人口缴费来解决养老保险资金短缺将面临极大困难。一方面，实际抚养比的持续上升将导致代际抚养负担加重，提高税负将面临实际困难；另一方面，人口出生率的下降造成劳动力人口萎缩，会直接引起资金供给水平下降。因此，加强养老保险基金投资运营并逐步提高投资回报率，是在人口老龄化背景下实现养老保险基金长期收支平衡和制度有效运行的重要途径。

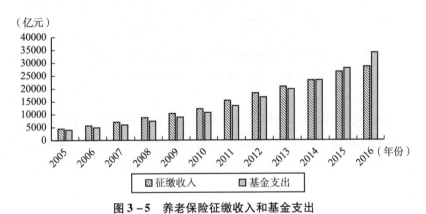

图 3－5　养老保险征缴收入和基金支出

资料来源：《中国统计年鉴》（2006～2017 年），中国统计出版社。

（三）人口快速老龄化对养老保险基金投资提出了新的需求

中国人口老龄化具有两个重要特征，一是速度快，二是未富先老。根据图 3－6 的数据，中国是全球老龄化速度最快的国家之一。中国从老龄化社会到超老龄化社会仅历时 34 年，而美国、英国和法国分别历时 89 年、100 年和 157 年。人口快速老龄化对社会经济特别是社会保障制度运行造成了更加严重的冲击。

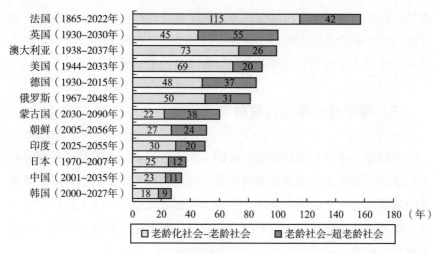

图 3-6　世界主要国家老龄化人口老龄化速度

资料来源：Wan H, Goodkind D, Kowal P. An Aging World：2015. 2016；联合国：《世界人口展望 2017》，https：//population. un. org/wpp/，2017 年。

　　中国人口老龄化不仅速度快，而且还具有未富先老的特征。目前，中国属于新兴市场国家，社会经济还处在发展阶段。人口快速老龄化对社会经济发展特别是社会保障制度的有效运行与公共财政的可持续性造成了严重的负面冲击。2018 年，中国老年人口规模排名位居全球第一位，客观上造成了老龄化成本（养老、医疗保健和老年护理等）的大幅上升，从而导致政府负担逐年加重。根据国内外的研究成果，中国大多数老年人口退休期的个人资产严重不足，主要依靠政府社会福利维持基本生活需求，养老金是其最主要或者唯一的收入来源。在现行制度模式下，个人账户是基本养老保险的第二支柱。如果个人账户不能进行有效投资运营，个人账户养老金就无法实现保值增值甚至可能贬值。倘若如此，就会降低老年人口的养老金替代率水平，导致养老金实际购买力下降，无法有效满足他们在退休期的基本生活需求，而且还可能导致老年人口陷入生活贫困的问题。因此，加强个人账户养老金投资并实现保值增值是养老保险制度有效运行的根本要求。

综上所述，加强养老保险基金投资运营并逐步提高回报率，不仅是有效应对人口老龄化危机和促进养老保险制度运行优化的根本要求，也是确保个人账户养老金保值增值和提高养老金替代率水平，为老年人口提供适度养老保障并有效规避老年贫困风险的重要保证。

三、养老保险基金投资的市场需求

现阶段，中国养老保险基金投资需求逐步扩大，这不仅是有效应对人口老龄化和实现养老金长期财务收支均衡的根本需要，也是促进养老保险制度运行优化的内在要求。养老保险基金在金融市场上进行投资运营，既要遵循市场规律，也要综合考虑自身需求进行量身定制并逐步提高投资回报率。

（一）风险容忍度低且流动性需求高

养老保险基金和其他基金一样，对于资产配置具有安全性、流动性和收益性的需求。在这些需求上，养老保险基金投资有着非常鲜明的特点。在安全性方面，养老保险基金属于高度风险规避型，其效用无差异曲线不同于其他基金，对资产的安全性要求更高。在流动性方面，养老金支付在时间上和数量上都具有需求刚性。因此，养老保险基金必须保证有一部分资产具有充分的流动性。在收益性方面，为了保证未来养老金的支付，养老保险基金管理的资产还需要通过投资组合获得较高收益并有效应对利率波动、通货膨胀等系统性风险。

从 2016 年底基本养老保险基金正式投资运营至今，基本养老保险基金的市场化投资运营仍然处于探索阶段，养老保险基金投资的市场化进程仍然十分缓慢。根据全国地方试点经验，养老保险基金由全国社会保障基金理事会进行统一管理和投资运营，养老保险基金与其他社会保障基金在投资期限方面的要求类似。因此，养老保险基金与其他社会保障基金的投资配置相似，但养老保险基金投资的风险容忍度要求更低且流动性需求更高。

　　养老保险基金能够实现资产长期稳健增值与流动性并举的投资目标，其关键在于进行合理的资产配置，而不是赌注式投资，所以必须利用现有的投资工具进行合理的资产配置。投资组合的底层资产选择是关键，需要挑选在风险和收益上低相关性的资产。分散投资将有效降低组合的整体风险，同时还能获取最优的经风险调整后的整体回报率。例如，同是股票类资产，但中国 A 股和美国市场股票的结合可以充分利用国内市场和海外市场的低相关性（不足 30%）来平滑投资组合波动；债券类资产明显表现出其相对于股票类资产的逆相关性（例如，10 年期国债和 A 股股票在过去 10 年间的相关性为 -6.4%）；实物资产类资产，如黄金、原油、房地产等，与股票资产相比具有显著的逆周期属性，而房地产又有高度顺周期属性。这些大类资产具有不同的投资属性，保证了资产配置中的风险能够被显著降低（见表 3-1）。

表 3-1　　　　　不同类型资产的相关性（2008～2018 年）　　　　单位：%

资产类别	中国 A 股	美股	美国指数	中国国债	黄金指数
中国 A 股	100.00	27.80	36.49	-6.40	60.48
美股	27.80	100.00	59.00	2.44	-15.48
美国指数	36.49	59.00	100.00	-54.99	-14.64
中国国债	-6.40	2.44	-54.99	100.00	-10.31
黄金指数	60.48	-15.48	-14.64	-10.31	100.00

　　注：计算口径：中国 A 股——上证综指；美股——道琼斯工业指数；中国国债——中国 10 年期国债到期收益率。
　　资料来源：Resset 数据库，2019 年。

　　目前，养老保险基金投资主要选择的投资产品有短期流动性资产、固定收益类资产、权益类资产，以及具有投资价值的实业投资工具等。其中，短期流动性资产往往具有较高的安全性和流动性，风险和收益都相对较低；固定收益类资产在牺牲了一定流动性的前提下实现了更高和更稳定的收益；权益类资产的特点则是高风险和高收益，与金融市场的发育程度具有较强的相关性。

养老保险基金投资进行资产配置时，需要选择低相关性并能够平滑投资组合波动的资产来构成投资组合。养老保险基金底层资产多样分散，既有流动性强、安全性高的银行存款、信托贷款、债券等资产，又有风险波动性大但预期收益回报率较高的股权投资、境内外股票等资产。在未来的投资战略中，养老保险基金市场化投资需要考虑进行国际化分散投资布局，以国内投资为主，辅以一定数量的海外投资来对冲单一金融市场存在的系统性风险。

（二）对金融市场影响大且要求长期稳定性高

在现实条件下，作为金融市场中资金运作规模较大的金融资产，养老保险基金的有效投资运营可以作为资本市场稳定器，甚至能够推动金融市场改革及金融体制机制创新。长期来看，这方面的作用主要表现在稳定市场和引导价值投资等方面。养老保险基金投资长期性的特征使养老保险基金投资收益来源同短期性质的基金存在较低差异。养老保险基金投资收益主要来自三方面：选择、择时和资产配置。因此，在长期性和稳定性的要求下，养老保险基金投资将根据金融市场的投资工具集合进行恰当的资产配置以降低风险并逐步提高回报率。这将合理引导机构投资者忽略短期风险，在降低风险的基础上追求长期收益最大化。

（三）善用投资组合并合理进行资产配置

随着经济增速放缓（从 2010 年的 10.6% 下降到 2018 年的 6.6%）①，金融市场高回报的投资项目减少，资产收益率全面下滑，仅依靠投资单项金融资产很难达到政策目标。近年来颁布的资本市场管理

---

① 国家统计局年度数据：https://data.stats.gov.cn/search.htm? s = 2010 - 2018% E5% B9% B4gdp% E5% A2% 9E% E9% 95% BF% E7% 8E% 87。

新规，明确打破了刚兑并让资本市场回归到正常的金融属性上。这导致资产的风险收益特征凸显，高收益便意味着高风险。在当今的金融市场环境，投资者像过去一样投资固定收益类资产或者房地产那样的单一资产获利的时代一去不复返了。养老保险基金因其对收益率和风险的特殊需求，想要规避单一资产风险的同时获得确定性更高的回报，就必须选择分散的投资方式，即善用投资组合进行资产配置。

随着经济景气度的变化和行业轮动，各类资产的价格也存在较大的波动，每一年盈利的金融资产都有所不同。从中国的大类资产表现来看，2017 年盈利最高的是股权资产，沪深 300 收益率为 21.78%，远高于同期 CPI1.6%；而 2018 年股权资产综合表现较差，维持较高的负收益率。2008 年全球金融危机时期，收益最高的是避险类的资产为债券，收益率为 17.11%，表现最差的是股权资产，沪深 300 收益率暴跌至 -65.95%。2009 年，曾垫底的股权资产跃居首位，沪深 300 投资收益率达到了 96.71%，表现最差的反而是债券，收益率仅为 0.68%，低于同期的 CPI 的 1.7%，收益率为负值。根据表 3 - 2 的数据分析，股权资产、债券和银行存款等金融资产，没有任何一类资产能够永远保持最高的投资回报率。

表 3 - 2 　　中国大类资产收益指数与 CPI 指数（2004 ~ 2018 年）　　单位：%

年份	沪深 300	企业债券	定期存款	原油	黄金	CPI
2018	-25.31	5.74	1.50	-24.20	-1.37	2.10
2017	21.78	2.13	1.50	11.69	13.29	1.60
2016	-11.28	6.04	1.50	53.72	9.12	2.00
2015	5.58	8.84	1.50	-35.02	-11.42	1.40
2014	51.66	8.73	2.75	-50.14	0.19	2.00
2013	-7.65	4.36	3.00	0.28	-27.79	2.60
2012	7.55	7.49	3.00	3.26	5.68	2.60
2011	-25.01	3.50	3.50	15.09	11.65	5.40

年份	沪深300	企业债券	定期存款	原油	黄金	CPI
2010	-12.51	7.42	2.75	19.16	27.74	3.30
2009	96.71	0.68	2.25	112.50	27.63	1.70
2008	-65.95	17.11	2.25	-61.94	3.41	5.90
2007	161.55	5.49	4.14	62.94	31.59	4.80
2006	121.02	0.77	2.52	1.24	23.92	1.50
2005	-7.65	24.08	2.25	43.83	18.36	1.80
2004	-16.30	-4.09	2.25	34.41	5.39	3.90

注：沪深300（由沪深证券交易所联合发布，反映 A 股市场走势指标），企业债券（000013. SH），定期存款（一年期定存基准利率），原油（WTI 原油），黄金（COMEX 黄金连续）。

资料来源：国家统计局年度统计数据，http：//data. stats. gov. cn/easyquery. htm? cn = C01。

在宏观经济动态运行中，经济周期是很难预测的，政府机构投资或者基金公司要想把握住每一次投资机遇，最好的方式就是根据金融市场状况善用投资组合进行合理的资产配置。根据经济周期变化，投资组合里的热门资产会进行不断轮动。不管经济周期如何变化，都可以通过最优投资组合获得较好的投资收益。

第二节　养老保险基金投资回报现状与评价

一、养老保险基金投资回报现状

现阶段，在养老保险基金总收入中，投资收益贡献度较低，整体投资政策偏保守，养老保险基金的长期配置主要以固定收益类产品为主。根据财政部公布的统计数据，养老保险基金的收入来源主要是基金征缴收入，其次是财政补贴，而以增值为目的的利息收入所占比例明显偏低。例如，在 2017 年全国基本养老保险基金总收入中，71.64% 来自基金征缴收入，13.53% 来自财政补贴，仅有 4.48% 来自利息收入（见图 3-7）。

图 3-7　养老保险基金的主要收入来源

资料来源：财政部社会保障司统计数据，http：//sbs.mof.gov.cn/。

2017 年是基本养老保险基金正式投资运营的首年，全国有 14 个省份与全国社会保障理事会签订了委托投资运营合同。根据全国社会保障基金理事会发布的 2017 年度《基本养老保险基金运营年度报告》所示，截至 2017 年末，基本养老保险基金收益额为 87.83 亿元，投资收益率为 5.23%；其中，已实现投资收益额 76.4 亿元（已实现收益率 4.55%）。养老保险基金自 2016 年 12 月受托运营至 2017 年末，累计投资收益额 88.19 亿元，其中，2016 年的投资收益额为 0.36 亿元。由于养老保险基金从 2016 年底开始投资运营，市场化投资周期较短，大部分养老保险基金仍由全国各省份具体负责管理和进行投资运营，从而导致历年养老保险基金投资收益数据统计不完全。根据可得数据，通过公式（总收入－征缴收入－财政补贴）反推出投资收益，并根据投资收益×2/（期初结余＋期末结余）粗略估计整体投资回报率。从计算结果来看，2009~2017 年的平均回报率在 4% 左右，同时投资收益对基金收入的贡献在4% ~5%。因为养老保险基金投资的基础数据信息不完全，利用上述方法进行估算时未剔除养老保险基金实际收入中其他收入的份额，如大型国有企业缴存额，所以导致此部分收入也被包含在养老保险基金投资收益的计算中。因此，根据此估算方法计算得到的养老保险基金投资回报率要略高于实际投资回报率，也就是说，养老保险基金的实际投资回报率要低于4%。这大体上符合中国养老保险基金投资的实际情况。截至2017年，中国养老保险基金投资回报率的具体情况如图3-8所示。

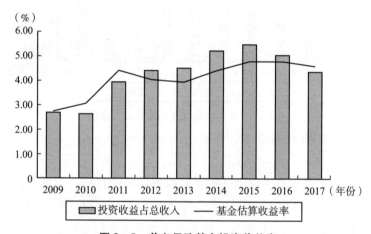

图 3 - 8   养老保险基金投资收益率

资料来源：根据《2018年度人力资源与社会保障事业发展统计公报》数据估算，http://www.mohrss.gov.cn/SYrlzyhshbzb/zwgk/szrs/tjgb/201906/t20190611_320429.html。

根据人力资源和社会保障部与人民银行公布的数据，2009~2014年基本养老保险基金估算收益率与通货膨胀率稳定在1%左右的比率。其中，2010年、2011年和2014年的收益率低于通货膨胀率，这导致养老保险基金投资实际收益率为负。为了进行更直观对比，本书使用中国年收益率最低的投资资产银行定期存款1年期收益率与之对比发现，养老保险基金收益率仅略高于银行1年期定期存款利率（见图3-9）。倘若考虑人口老龄化和预期通货膨胀率的负面影响，养老保险基金实现保值增值的难度则较大，甚至存在资产贬值的风险，这对养老保险基金市场化投资运营与制度的有效运行将构成严重的威胁和挑战。

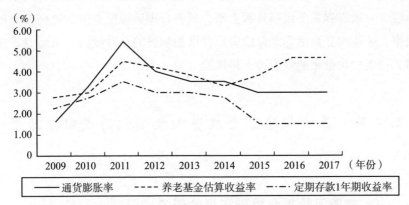

图 3 – 9 养老保险基金估算收益率、通货膨胀率和定期存款收益率

资料来源：《中国统计年鉴》（2010～2018 年），中国统计出版社。

二、养老保险基金投资回报现状评价

伴随着经济社会的快速发展，中国养老保险制度不断完善，养老保险覆盖面逐步扩大，参保人数和基金规模也逐年扩大。以 2018 年为例，全年养老保险基金总收入为 55005 亿元[①]。由于养老保险基金尚未实现全国统筹，实行地区分散管理，多投资于银行存款和国债，投资收益率较低，保值增值能力严重不足。中国养老保险制度起步较晚，制度尚处在不断建设和发展之中，在人口老龄化不断加剧的背景下，历史遗留问题造成的养老金转轨成本不断显性化。养老保险基金在投资运营过程中暴露出诸多问题，主要表现为财政兜底缺口、个人账户空账运行和养老保险基金投资工具单一且回报率偏低等。由此可见，养老保险基金存量

---

① 人力资源和社会保障部：《2018 年度人力资源与社会保障事业发展统计公报》，http：//www. mohrss. gov. cn/SYrlzyhshbzb/zwgk/szrs/tjgb/201906/t20190611_320429. html。

不断扩大，但养老保险基金投资效率低下。

在人口老龄化不断加剧的背景下，养老保险基金出现了较大缺口，如果不采取切实有效的措施加以解决，养老保险基金将面临不可持续的现实问题。因此，加强养老保险基金市场化投资运营应引起政府的足够重视，并被提到重要议事日程上来，只有合理运用投资组合提高投资回报率，才能彻底盘活养老保险资产并增加制度的有效供给，从而有效应对人口老龄化带来的养老金支付风险。

第三节　养老保险基金投资回报偏低的成因与后果

一、养老保险基金投资回报偏低的成因

根据现实数据的实证分析不难发现，长期以来，中国养老保险基金的市场化投资效率偏低，未实施有效的投资组合策略。这直接导致了养老保险基金投资回报率严重偏低，影响了养老保险制度的有效运行和稳健可持续发展。造成中国养老保险基金投资效率和投资回报偏低的原因是多方面的，既有新兴金融市场机制不成熟的客观原因，也有养老保险基金管理体制机制不完善、管理不规范和政策不健全等方面的主观原因。下面对养老保险基金投资回报率的具体影响因素进行详细梳理和分析。

（一）资本市场处于发育和成长期

中国的金融市场起步较晚，市场发展的深度和广度都明显偏低，难以为养老保险基金投资提供成熟和稳健的投资工具。金融市场的广度缺失体现在股票或债券总值或流通市值占 GDP 的比重偏低。例如，企业债券于 2003 年 6 月开始发行，2016 年出现爆发式增长，发行总量达

3.37 万亿元，到 2017 年 12 月，债券市场发行总量下降为 1 万亿元①。这从根本上造成了金融资产收益变动较大且流通程度较低。深度缺失体现在非流通股票或债券的比重较高，受政府各项政策影响较大，市场定价功能严重缺失，不能客观反映实体经济的变动状况。此外，金融风险导致了养老保险基金缺乏投资的理想市场环境，不仅导致养老保险基金长期投资回报率偏低，也进一步加剧了市场投资风险。

（二）养老保险基金管理和投资的市场化与专业化程度较低

现阶段，中国养老保险基金经办机构和投资运营机构都是国家政府部门，人才大多数偏向于管理型人才，而市场投资和管理的技术人才相对不足，养老保险基金经办机构的工作人员相对缺乏专业性。与国外市场化基金管理机构相比，国内市场化投资的专业性技能相对欠缺，大部分工作人员在基本养老保险基金管理和投资运营方面缺乏专业知识和技能。这不仅对养老保险基金的市场化和专业化投资运营产生了严重的不良影响，而且也提高了投资运营管理成本，并严重影响了养老保险基金市场化投资运营的长期绩效和风险管理水平。

（三）养老保险基金投资组合配置不合理

长期以来，中国基本养老保险基金主要利用银行存款和国债进行投资和保值增值，导致了养老保险基金资产配置的低效率，养老保险基金的投资回报率大部分时期都低于同期通货膨胀率，导致养老保险基金缩水严重，养老金的实际购买力严重下降。2015 年 8 月，在《基本养老保险基金投资管理办法》出台后，养老保险基金投资范围虽然扩大到了20 多种，投资范围基本涵盖了货币性资产、固定收益类资产和权益类资产等各种类型，但是由于中国对养老保险基金投资实行数量限制，严格控制投资产品种类（主要是比较成熟的投资品种）和各资产组合中基金的投资比例，并规定养老保险基金目前只允许在国内投资，而不能

① 中国经济网：http：//finance. ce. cn/rolling/201710/12/t20171012_2650687/. shtml。

进行海外投资；这就制约了养老保险基金根据国内外市场变化进行投资组合选择和改变的主动权，也使得投资收益率较高的资产无法被配置到投资组合中。因此，目前养老保险基金投资无法进行最优资产配置，导致养老保险基金投资效率不高且真实回报率明显偏低。这是中国养老保险制度改革和发展过程中所面临的主要问题之一，需要伴随宏观经济体制改革逐步得到合理解决。

（四）中央与地方分级管理制约了养老保险基金投资

现阶段，同一统筹地区内各管理主体间缺少政策协同机制，严重制约了养老保险基金的市场化投资运营。中国并未建立起专门和统一的养老保险基金风险管理和投资运营委员会，养老保险基金风险的管理职责由不同政府部门分别履行，碎片化程度十分严重。政府各有关部门各司其职，但缺少上一级组织或委员会对其进行整合或协同，削弱了养老保险基金风险管理与控制的整体性。同一统筹单位内的主体碎片化加剧了投资与风险管理的分割程度，严重制约了养老保险基金的有效投资运营，并削弱了投资效率；管理的碎片化导致了"三个和尚无水喝"的尴尬局面，甚至严重影响到投资者的积极性。养老保险基金在管理运营中涉及多方主体，不同主体间存在信息不对称，即某些主体拥有比其他主体更多的信息，在投资中处于有利的地位；而另外一些主体掌握的信息较少，在投资中处于不利地位。目前在养老保险基金日常管理中，缺少有针对性的和相对量化的养老保险基金投资组合的统筹规划，严重影响了养老保险基金市场化投资水平。

二、养老保险基金投资回报率偏低的后果

从 20 世纪 90 年代建立社会统筹与个人账户相结合的部分积累制模式以来，中国已积累了数目可观的养老保险基金资产，而且随着覆盖面的扩大和中央财政补贴的持续增加，它的规模还将继续扩大。因为金融市场和政策的局限性，中国养老保险基金市场化投资进程十分缓慢。倘

若考虑到 2010～2017 年约 4% 的通货膨胀率，中国养老保险基金不仅不能实现保值增值，而且会导致实际养老保险基金资产缩水。这是养老保险制度改革与发展过程中一个亟待研究和加以妥善解决的关键问题。在人口老龄化导致养老保险基金收支失衡的背景下，如何加强养老保险基金投资运营和提高投资回报率就显得尤为重要。养老保险基金的保值增值主要包括两方面内容，一是保值，二是增值。保值是指养老保险基金的购买力能够得到根本保证，即在未来某一时点，养老保险基金的实际购买力水平不低于目前的实际购买力水平。增值是指通过养老保险基金的合理投资与获得比通货膨胀率更高的投资收益水平，不断提高其原有价值量，使其在未来某一时点的实际购买力在原有基础上有所提高。长期以来，中国养老保险基金投资政策趋于保守，将投资渠道严格限制在银行存款和国债，此举在注重安全性的同时却严重忽略了收益性。这就导致养老保险基金投资回报率偏低，既不能实现保值，也无法实现增值。这种状况不仅会严重影响养老保险基金的长期收支平衡，而且也会严重影响养老金支付水平，导致个人养老金无法达到适度的目标替代率水平。由此可见，养老保险基金投资回报率偏低是一个关系到养老保险制度有效运行及可持续发展的关键问题，并且与每一个社会成员的切身利益密切相关。这个问题能否得到合理而有效的解决，不仅关系到养老保险基金的长期支付能力，而且涉及对政府公信力的影响。下面对养老保险基金投资回报率偏低的后果进行详细分析。

（一）严重影响养老保险基金的长期财务收支均衡

在人口老龄化不断加剧的背景下，加强养老保险基金市场化投资和提高其长期投资回报率，是养老保险制度运行优化和有效应对人口老龄化的根本保证。养老保险基金长期回报率偏低凸显了人口老龄化危机对中国养老保险基金长期财务收支均衡的严重冲击。在人口老龄化不断加重和老年抚养比不断上升的情况下，养老保险基金长期回报率偏低将无法弥补人口老龄化造成的养老金缺口，也为养老保险基金长期财务收支失衡的进一步恶化埋下了伏笔。根据欧美和日本等 OECD 国家的发展经验，加强养老保险基金市场化投资并提高其真实回报率，是有效应对人口老龄化危机的重要政策选择。在现实条件下，中国养老保险基金投资效率低下导致长期回报率偏低，不仅无法实现保值增值的政策目标，客观上也加剧了人口老龄化背景下的养老保险基金财务收支的进一步失衡。

（二）降低养老金目标替代率水平

中国基本养老保险实行的是社会统筹与个人账户相结合的部分积累制模式，社会统筹属于现收现付制，个人账户属于完全基金制。显然，养老金替代率主要由社会统筹和个人账户养老金替代率共同决定。社会统筹养老金替代率大体相同，而个人账户养老金替代率由个人缴费积累及其投资收益来决定。根据国家统计局的年度统计数据，近年来养老金替代率出现明显的下降趋势，已严重偏离60%的目标替代率水平，这或许与个人账户投资回报率偏低有关。从长期来看，个人账户需要较长的积累期。如果不能对这部分资金进行有效投资运营并提高其真实回报率，若考虑通货膨胀的因素，养老保险基金的个人账户部分不仅不能实现保值增值，而且还存在资产贬值的严重风险。倘若如此，客观上就会导致养老金替代率下降，从而给老年人口的退休期养老保障带来较大的福利损失。

（三）加重政府财政负担并影响公共财政可持续性

养老保险基金投资效率偏低和长期回报率偏低，将对人口老龄化背景下的养老保险基金收支均衡产生严重的负面影响。目前，全国已有黑龙江、辽宁、河北等20多个省份社会统筹养老金出现收支缺口，伴随人口老龄化进程的加快，社会统筹养老金收支缺口存在进一步扩大的风险。根据政策实践观察，目前全国各省份的养老金收支缺口主要由中央财政和地方财政共同分担加以解决，其中，中央财政承担了主要责任。这成为中央和地方财政负担逐步加重的主要影响因素，也是造成政府负债率上升的直接原因之一。2009年，欧洲爆发了大规模的政府债务危机，其在很大程度上是由社会保障制度的公共财政不可持续所引起的。由此可见，养老保险基金投资运营作为养老保险资金筹资的重要渠道，因为投资效率低下和长期回报率偏低，直接加重了政府财政负担并对公共财政的可持续性产生了严重的负面影响，甚至抬高了政府债务水平且可能因此引起政府债务危机和金融市场的不稳定性。

（四）不利于金融市场的培育与发展

养老保险基金是一个类似蓄水池的特殊金融账户，金融资产规模较大并事关每个社会成员的切身利益。倘若养老保险基金不能进行有效的市场化投资运营并提高长期投资回报率，则将不仅影响养老保险基金的长期收支均衡和制度运行优化，而且也将对金融市场的发展产生严重的负面影响。根据本书提出的有限市场理论假说，成熟的金融市场机制应具有市场公平、政策公平和有效市场3个基本属性。养老保险基金在金融市场上进行大规模投资，有利于促进金融市场突破有限市场约束，形成完全竞争市场条件下的成熟市场机制。养老保险基金投资效率偏低和长期回报率偏低说明养老保险基金市场化投资机制尚未真正形成，养老保险基金投资与金融市场发展也未形成良性互动和路径依赖。这在中长期将不利于中国新兴金融市场的健康、稳定和规范发展，并会制约完全竞争市场机制的进一步形成与发展。由此可见，加强养老保险基金市场化投资运营，不仅是养老保险制度自身运行优化的内在要求，也是金融市场不断成熟与发展的重要推动力量。

第四章

养老保险基金投资组合模型
及最优化分析

　　根据风险规避、资产配置和投资组合理论，养老保险基金投资最核心的问题是如何根据投资组合模型选择最优的投资策略，达成风险收益均衡的政策目标——在有效控制投资风险的前提下实现投资回报的最大化。因此，本章将以马科维茨的经典投资组合理论为基础，构建养老保险基金投资组合模型并对投资组合最优化问题进行理论和实证分析。

第一节　经典均值方差模型

　　本节主要讨论均值方差模型并分析其局限性。均值方差模型由哈里·马科维茨于 1952 年首次提出，成为投资组合理论的奠基成果。考虑金融数学模型，假设投资者从市场 N 种金融资产中选取投资组合。在某一时点 t，用 r 代表 N 种金融资产的回报率向量。假设 X 为满足某一概率分布的随机向量，均值为 μ，方差为 r。根据均值方差模型，只需计算该概率分布的前两个矩，即期望收益和方差。

$$E(r) = \mu = (\mu_1, \mu_2, \cdots, \mu_N)^T \tag{4.1}$$

　　令向量 $w = (w_1, w_2, \cdots, w_N)^T$ 代表投资组合权重。$1^T w = 1$，其中 $1 = (1, 1, 1, \cdots, 1)^T$。由此，投资组合的期望收益表示为：

$$\sum_{i=1}^{N} w_i \mu_i = w^T \mu \tag{4.2}$$

相应地，极小化目标函数为：

$$J = -w^T \mu + \frac{\eta}{2} w^T \Sigma w \tag{4.3}$$

其中，η 为风险厌恶系数。此模型是一个最优化问题，即在给定的预期收益水平条件下，寻求风险最小化的投资组合。最优化表达式为：

$$w^* = \frac{1}{\eta} \Sigma^{-1} \mu \tag{4.4}$$

在实际中，参数 μ 和 Σ 是未知的，因而理论上不可能获得真实的最优值 w^*。马科维茨（1959）在后续研究工作中利用参数的估计值代替真实值①，这一方法提供可行的最优值为：

$$\hat{\mu} = \frac{1}{N_s} \sum_{i=1}^{N_s} X_i, \quad \hat{\Sigma} = \frac{1}{N_s} \sum_{i=1}^{N_s} (X_i - \hat{\mu})(X_i - \hat{\mu})' \tag{4.5}$$

其中，N_s 为样本大小，$\hat{\mu}$ 和 $\hat{\Sigma}$ 为 μ 和 $\sum$ 的极大似然估计值。

最优化通常使用二次规划极小化含线性约束条件的二次型目标函数。常见的线性约束统计包括等式的和不等式的两种。线性等式约束条件为：$Aw = a$；线性不等式约束条件为：$Bw \geq b$。

二次规划实际上是一种金融数学模型的迭代方法：先设置一个猜测值，后连续改变投资组合直到满足收敛条件为止。在每次迭代过程中，都需要计算投资组合的均值和方差。因为 $\hat{\mu}$ 和 $\hat{\Sigma}$ 是固定的，所以计算时间随着资产数目增长，但与实际的观测数据点的数目无关。

马科维茨的均值方差模型为金融经济学的研究及实际投资行为提供了重要的理论基础。但这一模型也存在一些缺陷，其一是因为使用估计值代替真实值，估计值的准确度带来的风险在此模型中被忽略了；其二是对数值计算结果的使用使得数值计算存在一定的误差，这一误差使得投资组合的最优性难以完全保证。在后续的内容中，本书会结合中国养

---

① 在均值方差投资组合模型中利用参数的估计值代替真实值，将导致模型结果出现一定误差。

老保险基金的特征及金融市场的发展状况，提出符合现实的中国养老保险基金投资组合模型。

一、最小方差投资组合

世界上的一些新兴市场国家（如中国、俄罗斯和印度等）的金融市场尚处于初级发展阶段，市场机制相对欠成熟，作为资本市场的主角，股票市场资产回报率的波动幅度相对较大。养老保险基金不同于其他基金，在提高投资回报率的同时，需要把风险控制在较低的限度内。基于此，本书利用最简单也是最有效的设置方法来进行拟合：设置最低的投资回报率，也就是固定投资回报率，此时投资组合的波动率最低。先只规定一个限制——预算有限。这就要求规定最小比例，例如，必须有20%的资产利用银行存款进行投资，同时规定最大限额。最小方差投资组合模型为：

$$\min w^{T} \hat{\Sigma} w \tag{4.6}$$

约束条件为：

$$1^{T} w = 1, \quad w^{\inf} \leqslant w \leqslant w^{\sup} \tag{4.7}$$

第二个条件代表各种资产投资比例的限制。此外，如果要求投资组合回报超过最低限值，则需要增加新的约束条件：

$$r^{T} w \geqslant r_{d} \tag{4.8}$$

二、切线资产投资组合

切线投资组合是一种最大化超额回报与投资组合波动率比值而得到投资组合的方法（Tobin，1958）。也就是说，需要解决以下的最优化问题：

$$\max \frac{r^{T} w - r_{f}}{w^{T} \hat{\Sigma} w} \tag{4.9}$$

约束条件为：$1^{T} w = 1$。其中 r_{f} 为无风险利率。这一最优化问题当且仅当至少存在一个收益大于无风险利率的投资组合才有意义。如果超额回报为负值，那么投资者也就不会愿意持有风险资产。

三、投资组合最优化模型

根据中国金融市场的真实数据，本书对投资组合进行最优化分析。获取无风险资产的回报率是很容易的，如短期国债的到期回报率。那么，接下来的问题便是如何估计风险资产回报率的均值和方差。如果资产的回报率是稳态的，则可以选取过去回报率的时间序列，使用这个序列的样本均值和样本方差作为估计值。然而对于通常的情况，稳态假设很难成立。如果真实的均值和方差被认为是有别于过去的数据，那么可以对这些估计值进行调整。除此之外，还需要考虑截取时间序列的长度。较长的时间序列可能会使估计值更稳定，但稳态性的假设也就更容易出现问题。因此，对于中国股票市场来说，短一点的时间序列可能会对预测更好。在均值方差投资组合模型中，最优化投资组合可以通过最大化夏普比率（Sharpe ratio）来得到。夏普比率是现代金融投资理论中的三大经典概念之一[①]，其定义可以用下列表达式表示：

$$\frac{E(r_p) - \mu_f}{\sigma_{r_p}} \tag{4.10}$$

夏普比率可以为一种风险回报比，定义为超额期望回报率与期望收益标准差（资产风险）的比值。夏普比率越大，单位风险获得的回报也就越高。在养老保险基金投资组合有效边界上取得夏普比率最大点 T 即为最优的投资组合。因为此点与无风险资产代表点的连线与有效边界相切，有效的投资组合混合了切线投资组合与无风险资产。一方面，每

---

① 夏普比率或称夏普指数，是美国著名经济学家、诺贝尔经济学奖获得者威廉·夏普在现代投资组合理论中提出的一个重要概念，它表明风险的大小在决定投资组合的表现上具有基础性的作用。风险调整后的收益率就是一个可以同时对收益与风险加以考虑的综合指标，以期能够排除风险因素对绩效评估的不利影响。具体参见：Sharpe W F. A Simplified Model for Portfolio Analysis. *Management Science*, Vol. 9, No. 2, 1963, pp. 277 – 293.

个有效投资组合都比其他具有相同或更低风险的可能投资组合具有更好的预期收益；另一方面，每个有效投资组合比其他具有相同或更高的可能投资组合具有更低的风险。需要指出的是所有的养老保险基金有效投资组合使用的风险资产混合比相同，不同的是风险资产相对于无风险资产的比例。如果令 r_p 为投资组合的回报率，其中，投资在切线资产的比例为 w，那么此时投资组合的期望收益为：

$$Er_p = \mu_f + wE(r_T - \mu_f) \tag{4.11}$$

其中，$r_T - \mu_f$ 即为超额回报率（$r_f - \mu_f$）。

为简化分析并得到最优投资组合，本书的样本数据选取中国城市化及经济腾飞以来股票市场中比较有代表性的 3 只股票 [万科 A（Vanke）、平安银行（Pingan）和神州高铁（Gaotie）]，根据股票资产的月回报率样本数据，采用二次规划算法对均值方差投资组合模型进行最优化求解。

图 4 - 1 显示的是允许卖空条件下的资产投资组合，最高期望回报率是无限制增长的。有效投资组合为从 0 点开始的斜线，有效边界为有

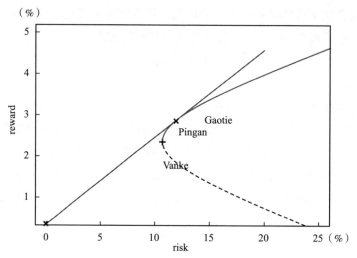

图 4 - 1 允许卖空条件下的投资组合

资料来源：Resset 数据库的股票数据，2019 年。

效投资组合下端的实线，"★"点是切线资产投资组合，"+"点是最小方差投资组合。这里选择银行活期存款月利率 0.35% 作为无风险利率。根据图 4-1 的有效投资组合曲线，利用均值方差投资组合模型就可以得到 3 只代表性股票的最优资产配置。

如果加上禁止卖空的条件限制，则如图 4-2 所示。此时，投资组合最高期望回报率不可能超越单只股票的最高期望回报率（神州高铁），投资组合的有效边界也发生了改变。有效投资组合为从 0 点开始的斜线，有效边界为有效投资组合下端的实线，"★"点是切线资产投资组合，"+"点是最小方差投资组合。选择银行活期存款月利率0.35% 作为无风险利率，同样可以得到最优投资组合。

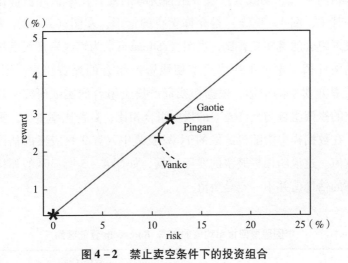

图 4-2　禁止卖空条件下的投资组合

资料来源：Resset 数据库股票数据，2019 年。

下面从原始数据样本中再抽取出 200 个样本来估算每个数据样本的切线资产投资组合。同时对 200 个数据样本的切线资产投资组合，计算其真实的和估算的夏普比率（见图 4-3）。

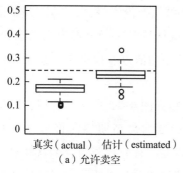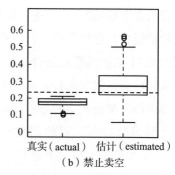

（a）允许卖空　　　　　　　　（b）禁止卖空

图 4 - 3　切线资产组合的 Bootstrapping 估计值与夏普比率

资料来源：Resset 数据库股票数据，2019 年。

根据图 4 - 3，切线资产投资组合所有的夏普比率估计值都比真实值大。其中，图 4 - 3（a）是允许卖空的情形，左图（actual）为切线资产投资组合的真实夏普比，右图（estimated）为切线资产投资组合夏普比的估计值，水平虚线为真实切线资产组合的夏普比率。图 4 - 3（b）是禁止卖空的情形。根据切线资产投资组合的实证研究发现，禁止卖空的投资组合与允许卖空的投资组合相比，夏普比率更大。根据表 4 - 1，在数据样本中随机选取的 11 只股票中，有 9 只股票的估计区间包含负值。这说明根据股票的实际数据，如图 4 - 3 所显示的那样，夏普比率的估计值并不一定是负值。

表 4 - 1　　　　　中国股票回报率均值的 95％ Bootstrap 置信区间

股票名称	置信区间	
	2.5％	97.5％
平安银行	- 0.098	3.739
万科 A	0.511	5.209
深振业 A	- 0.129	4.772
全新好	- 0.337	4.910
神州高铁	0.372	5.592

股票名称	置信区间	
	2.5%	97.5%
中国国安	− 0.454	4.637
美丽生态	− 1.720	6.309
深物业 A	− 0.577	4.167
南玻 A	− 0.780	3.956
沙河股份	− 1.092	4.146
深深宝 A	− 0.595	5.259

资料来源：Resset 数据库，2019 年。

第二节 基于假设检验的投资组合模型

在马科维茨投资组合模型中，需要利用回报率分布参数的估计值代替其真实值。这种替代会给模型的结果带来一定的估计风险，这与资产管理中传统的金融风险类似。下面借鉴安东尼（2007）提出的 P 值最大化方法，对中国养老保险基金投资组合模型进行分析。P 值最大化方法的基本原理是推导出给定基准为 c 的最优投资准则，这与常用的均值方差模型存在较大区别。在 P 值最大化方法中，不需要最大化任何投资组合表现的测度，只需要通过比较可用的养老保险基金配置超越选定基准的可能性来进行最优决策。在这一方法中，基准的选取非常重要。合理的基准选择满足比最大化均值方差目标函数更保守的目标函数。养老保险基金投资者选择超越基准可能性最大的投资组合而非表现最佳的组合，这是 P 值最大化方法最主要的不同之处。P 值最大化方法基于一个单边的假设检验：选定的投资组合表现测度大于某一阈值。因而此方法需要两个量，一个是投资组合表现测度即目标函数，另一个是阈值或基准值。假设选择马科维茨均值方差模型中的目标函数作为测度，原假设可以写成：

$$H_0 : J(w) > c \qquad (4.12)$$

这里 c 是选定养老保险基金投资组合的基准值。现在考虑投资组合的超额回报率，投资组合的表现可以表示为：

$$J(w) = Er_t^P - \frac{\eta}{2} Var(r_t^P) \qquad (4.13)$$

式（4.13）的估计值表示为：

$$\hat{J}(w) = w^T \hat{\mu} - \frac{\eta}{2} w^T \hat{\Sigma} w \qquad (4.14)$$

根据中心极限定理可知，$\sqrt{N_a}(\hat{J}(w) - J(w)) / sd(\hat{J}(w))$ 渐进正态的。投资组合 w 的 P 值为 p-value(w)，下面需要求出 p-value 的极大值 Maxp-value，将其作为养老保险基金投资组合的最优值。

从式（4.14）可以看出，p-value 与 VaR 是相联系的。关于养老保险基金的 VaR 金融风险测度会在后续章节中进行详细分析。从上面的过程中可以看出，估计风险是与回报率分布的均值和方差密切相关的。为简化分析，暂时忽略风险水平，上述最优化问题简化成：

$$\max \frac{r\mu - \eta / 2 w \Sigma w - c}{\sqrt{w \Sigma w}} \qquad (4.15)$$

下面利用贝叶斯方法分析一下投资组合选择方法。均值方差模型：

$$\hat{w} = \frac{1}{\eta} \hat{\Sigma}^{-1} \hat{\mu} \qquad (4.16)$$

根据贝叶斯方法（Brown & Klein，1979），假设养老保险基金最大化投资组合的后验期望表现，而回报率的后验分布则根据历史观测与先验分布所给出。估计的风险可以通过将未知参数转换成随机变量，然后得到后验分布。实际上，如何选择合适的先验分布是一个很困难的问题。如果假设养老保险基金超额回报率的均值和方差都满足一个扩散的先验分布，据此就可以得到养老保险基金最优投资组合权重为：

$$w_B = \frac{1}{\eta} \left(\frac{N_s - N_a - 2}{N_s + 1} \right) \hat{\Sigma}^{-1} \hat{\mu} \qquad (4.17)$$

其中，N_s 为样本大小，N_a 为资产数量。基于贝叶斯方法的投资组合模型非常具有研究与发展前景。首先，它可以利用我们对某些未知重要参数的先验信息；然后，它考虑了估计风险和模型的不确定性；最后它能够利用快速的数值算法进行近似计算。基于贝叶斯方法的投资组合模型由几个重要部分组成。第一是先验信息的形成，通常由股票等随机参数的密度函数表征。先验信息的密度函数可以反映出很多重要的经济学效应及其与资产回报率分布的关联性。第二是通过先验信息与资产回报率的变动规律来构造未来资产回报率的预测分布。实际上，养老保险基金最优投资组合就是回报率预测分布下的最大期望效用。在此模型中，本书将参数处理成随机变量并分析其回报率变动状况。

第三节　风险收益模型及投资组合最优化分析

前面所使用的目标函数仅限于线性或二次型函数，并且要求约束条件也是线性的。本书还将提出更多的目标函数、更复杂的约束条件、更符合新兴市场特征的金融数学模型优化方法对养老保险基金投资组合及其回报率进行求解。首先考虑最小化平方回报问题。对于这一问题，仍可以使用二次规划方法找到准确的解决方案，也可以利用局域搜索算法进行求解。目的是找出一个满足新兴金融市场条件的养老保险基金投资组合 w，最大限度降低所有情况的平方回报。这实际上相当于解决以下问题：$J = r^T r$，目标函数为投资组合的平方回报，类似于投资组合的方差。局域搜索算法如下所示：

（1）procedure 局域搜索

（2）设置总的搜索次数 N_{steps}

（3）随机生成当前解 x_c

（4）for $i = 1$：N_{steps} do

（5）生成 x_c 的某个临近值 x_n 计算 $\Delta = J(x_n) - J(x_c)$

（6）if $\Delta < 0$ then $x_c = x_n$

（7）return $x_{sol} = x_c$

Algorithm 1：局域搜索算法

对于其他更复杂的问题（如限制条件是非线性的），目标函数可能是高度非线性的。这需要从大量金融资产中选取合适数量且具有稳定收益的资产进行资产配置来构成投资组合。例如，从金融市场 100 只股票中选择 10 只，而这 10 只股票的投资比例相同。为了评价所选择的 10 只股票或者它们叠加的投资收益稳定性，就需要解决以下的投资组合最优化问题：

$$\min w^T \hat{\Sigma} w \qquad (4.18)$$

约束条件为：

$$K \cdot w = 1, \quad K^{\inf} \leqslant K \leqslant K^{\sup} \qquad (4.19)$$

其中，K 为选取的资产组合数量。这里的目标是最小化方差，简单的二次规划无法解决这一最优化问题，可以利用局域搜索算法来加以解决。

因为养老保险基金的特殊性，通常要求不允许做空，同时要求最大限度降低投资风险并实现投资回报最大化。为此，需要定义一种风险回报比的测度指标，并从大量的金融资产中找到某一数据范围内的资产投资组合，以使得单位风险的投资回报率尽可能最高。为了满足以上要求，需要解决下列的最优化问题：

$$\min w^T \hat{\Sigma} w \qquad (4.20)$$

约束条件为：

$$1^T w = 1, \quad w^{\inf} \leqslant w \leqslant w^{\sup}, \quad K^{\inf} \leqslant K \leqslant K^{\sup} \qquad (4.21)$$

在 2015 年国务院颁布的《基本养老保险基金投资管理办法》中，中国养老保险基金投资到银行账户的资产比例大约为 5%，而投资到股票的比例控制在 30% 以下[①]。在股票资产中，由于中国属于新兴市场国家，股票市场发展不成熟，股票市盈率较高，股票市场涨跌波动幅度较大，投资回报率存在较大的风险和不确定性。在现实条件下，需要对养老保险基金投资的资产份额进行某种限制。资产数量约束还包括强制执行小型投资组合（如 30~50 个资产）。下面来讨论风险回报比的定义。

---

① http://www.gov.cn/zhengce/content/205_08/23/content_10115.htm。

风险回报比的定义需要用到条件矩，表示为：

$$cM_\gamma^+(r_d) = \frac{\sum_{i=1}^{N_s} (r_i^T w - r_d)^\gamma I(r_i^T w \geq r_d)}{\sum_{i=1}^{N_s} I(r^T w \geq r_d)} \qquad (4.22)$$

其中，$I(\cdot)$ 为示性函数，上标 + 和上标 – 分别表示上部或下部，分母表示大于或小于回报阈值 r_d 数量的计数。在风险收益模型中，选择两个条件矩的比例，即广义 Rachev 比率（Biglova et al.，2004）作为目标函数：

$$J(w) = \frac{cM_\gamma^-(r_d)}{cM_\gamma^+(r_d)} \qquad (4.23)$$

其约束条件与式（4.20）相同，对于这个非线性投资组合最优化问题，采用吉利和舒曼（Gilli & Schumann，2010）提出的门槛接受法，简称 TA 法。假设有一个投资组合集合，则需要一个选择的目标函数。这一算法与局部搜索算法极为相似。两种算法的区别是 TA 法可以接受迭代过程中的新解比前次迭代解更差。关键在于如何设置门槛值，温克和方（Winker & Fang，1997）提出生成大量随机解，通过为每个随机解均选择一个临近值的方法来获取门槛值。

门槛接受算法的 R 运行流程为：

（1）procedure 门槛接受

（2）设置试验次数 N_{steps} 和门槛数 $N_{thresholds}$

（3）计算门槛序列 $\{\tau_s\}$

（4）随机生成当前解 τ_c

（5）for i = 1：$N_{thresholds}$ do

（6）for j = 1：N_{steps} do

（7）生成 x_c 的某个临近值 x_n 计算 $\Delta = J(x_n) - J(x_c)$

（8）If $\Delta < \tau_i$ then $x_c = x_n$

（9）return $x_{sol} = x_c$

Algorithm 2：门槛接受算法

第五章

养老保险基金投资回报实证分析

在金融市场中，养老保险基金投资需要选择合适的投资组合策略，并尽可能在降低投资风险的情况下提高投资回报。这既是一个金融学的重要理论问题，也是一个面向宏观经济模型的养老保险制度有效运行的现实问题。本章在养老保险基金投资组合理论的基础上，根据新兴金融市场发展状况，构建金融数学模型并利用回报率指标对养老保险基金投资回报进行实证分析。

第一节　国债和股票投资工具的回报率分析

在宏观经济运行中，中国养老保险基金投资运营目前可选择的投资工具是非常有限的；考虑到数据的可得性，本节将对养老保险基金投资的主要投资工具——国债和股票两种资产的回报率进行分析，更多提供一种量化分析和实证拟合结果。前面的章节已经分析了部分中国股票的数据，并给出了均值方差模型的投资组合最优化分析方法。然而，中国证券市场有成千上万只股票，对此高维数据进行分析十分具有挑战性。这些挑战包括数据的不可获得性、难以可视化，消耗大量的计算资源，以及需要艰深的金融统计方法等。如果想要进行较好的数据拟合，最常用的方法是对高维数据进行降维处理。本书主要利用主成分分析（PCA）和 Bootstrap 方法，对国债和股票两种主要投资工具的回报率进行时间序列分析。

一、国债回报率统计分析

养老保险基金目前投资企业债券相对较少，加之 2017 年以来中国企业债券发行量骤降，主要原因是企业债券违约风险较高。因此，本书主要对国债的投资回报率进行统计分析。

（一）国债收益率主成分分析

本部分采用主成分分析（PCA）和时间序列分析两种方法，对国债到期收益率进行实证分析。PCA 方法的主要目的是找出协方差矩阵中最主要的部分并确定一个包含数据主要变动的低维子空间。

本书选择的国债到期收益率日数据主要包括 3 个月、6 个月、1 年、3 年、5 年、7 年、10 年和 30 年。其中，到期期限数量代表维数，可以将数据看成多维空间中的随机向量，每一个点的纵坐标代表对应成分在该维数上的几何投影值。国债到期收益率数据来源于 Resset 数据库，起止时间为 2015 年 1 月 4 日~2017 年 12 月 31 日。

根据国债到期日收益率的实际数据，利用主成分分析（PCA 方法）绘制其变化图（见图 5 - 1）。其中，（a）图显示的是 2015 - 08 - 07、2016 - 07 - 26 和 2017 - 10 - 23 三个日期的国债到期收益率，国债收益率处于比较稳定的增长状态。这里对每日国债收益率数据进行差分，并对协方差矩阵计算主成分。（b）图显示不同主成分权重的大小，即主成分占比情况，前两个成分包括 70.21% 的数据变动，前三个成分包括 80.54% 的数据变动，前六个成分包含 96.07% 的数据变动。除了前两个分量，其他七个分量对数据变动的贡献比较接近。本书主要分析前三个分量的情况，（c）图显示的是国债到期收益率变化量的前三个主成分，（d）图显示的是不同期限国债到期收益率变化量的前三个主成分。

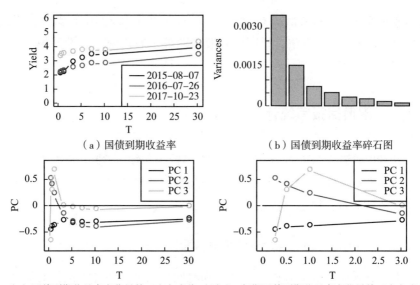

（a）国债到期收益率　　　　　　（b）国债到期收益率碎石图

（c）国债到期收益率变化量前三个主成分 （d）0~3年期国债到期收益率变化量前三个主成分

图 5 - 1　国债到期收益率主成分分析

资料来源：Resset 数据库，2019 年。

图 5 - 2 显示的是国债到期收益率变动本征向量的影响。由图 5 - 1 和图 5 - 2 可见，第一个成分都是负值且大致相等；第二个成分是随着期限增长而下降的，从正值（1 年以内）下降到负值（3 年以上），并且对 3 年以上的债券变动贡献大致相等，第二个成分显示出短期国债与中长期国债变动趋势和模式的差异；第三个成分显示出先增后减的变化趋势，并且仅有短期国债中的 6 个月和 1 年期为正，而中长期的取值接

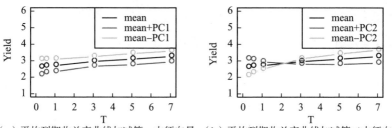

（a）平均到期收益率曲线加减第一本征向量　（b）平均到期收益率曲线加减第二本征向量

图 5 - 2　国债到期收益率变动本征向量的影响

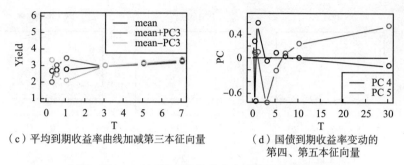

（c）平均到期收益率曲线加减第三本征向量　　　（d）国债到期收益率变动的
第四、第五本征向量

（续）图 5-2　国债到期收益率变动本征向量的影响

资料来源：Resset 数据库，2019 年。

近 0。根据国债收益率主成分分析，国债收益率变化的驱动因素较为复杂，但大体可以将国债收益率的变化分为短期和中长期，中长期国债的变动状况极为相似。

（二）国债到期收益率 ARIMA 时间序列分析

根据实际数据，对国债到期收益率随时间演化规律进行实证分析。基于同样 9 个国债到期收益率的时间序列数据，对前三个主成分进行分析。图 5-3 显示前三个主成分的时间序列，图 5-4 显示三个主成分的时间序列及自（协）关联函数。前三个主成分的自相关函数表明它们具有短期的关联度，可以采用 ARIMA 过程进行时间序列建模，并根据实际时间序列数据进行实证分析。

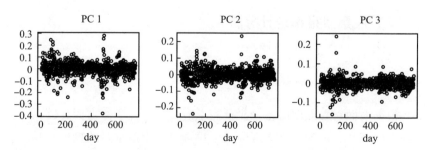

图 5-3　国债收益率变动量前三个主成分的时间序列

资料来源：Resset 数据库，2019 年。

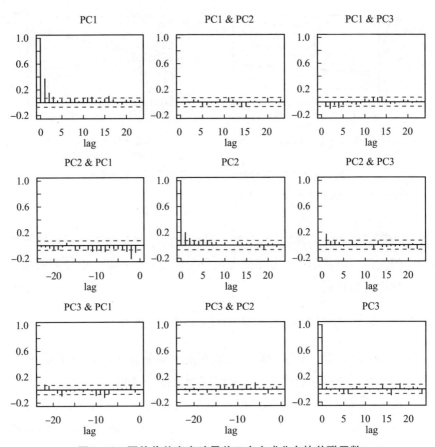

图 5 - 4   国债收益率变动量前三个主成分自协关联函数

资料来源：Resset 数据库，2019 年。

二、股票回报率统计分析

(一) 股票非参数统计分析

根据前面对养老保险基金投资需求的分析，股票作为拥有较高回报率的金融资产，成为了养老保险基金投资组合中最重要的投资工具。有效市场假说隐含股票价格随经济周期和新的市场信息而发生变动（Fama，1970）。但一直以来，经济学界对市场在多大程度上有效仍存在争

议。中国金融市场目前尚处于初级发展阶段，因此分析股票市场对经济
周期的反应程度及其回报率变化尤为重要，其分析结果会影响养老保险
基金投资组合的回报率。下面利用 Bootstrapping 方法对中国股票市场三
只代表性股票的月回报率数据（2006 年 1 月 ~ 2017 年 12 月）进行统计
分析，基础数据来源于 Resset 数据库。三只股票分别为平安银行，万科
A 和神州高铁，涵盖了金融、房地产和基本建设三个行业。

通过 Bootstrapping 方法估计参数对真实值的偏差，具体表达式为：

$$\text{Bias}^{\text{boot}}(\hat{\theta}) = \overline{\hat{\theta}}^* - \hat{\theta} \tag{5.1}$$

Bootstrap 的数据样本容量为 1000。μ 和 σ 的样本估计值与 Bootstrap
的均值基本接近，但对于 t 分布的自由度参数 ν 估计，两者相差较大。
只有当样本容量在达到较大规模时，参数 ν 才能获得比较准确的估计
（见表 5 - 1）。

表 5 - 1　　　　　　　　三只代表性股票回报率

股票	μ	σ	ν
平安银行估计值	1.356	9.948	5.602
平安银行 Bootstrap 均值	1.450	10.060	9.370
万科 A 估计值	1.044	9.796	3.296
万科 A Bootstrap 均值	1.050	9.760	3.920
神州高铁估计值	1.410	11.320	3.770
神州高铁 Bootstrap 均值	1.500	11.370	5.290

资料来源：Resset 数据库，2019 年。

下面对股票与其他股票和市场指数关联性进行实证分析。这种关联
性显示股票回报率的分布不是独立的，因而需要采用多元分布来刻画股
票回报率的变化。此处仍然以三只代表性股票为例进行分析。

从图 5 - 5 可以看出，三只代表性股票呈直接的非线性相关性。万科
A 股票与平安银行股票之间存在较强的线性相关性，而万科 A 股票与神
州高铁股票之间的关联度则相对较低。三者之间关联系数的矩估计参见表
5 - 2。负回报率集中出现，说明对应的投资组合风险较大。根据图 5 - 6

的实证结果发现，万科 A 和平安银行两种股票的回报率更容易粘连起来，也就是说它们的极限值趋向同时出现（回报率分布）尾部相关。

表 5 - 2　　　　　　　三只代表性股票关联系数的矩估计

A 股股票	平安银行	万科 A	神州高铁
平安银行	1.000	0.545	0.339
万科 A	0.545	1.000	0.169
神州高铁	0.339	0.169	1.000

资料来源：Resset 数据库，2019 年。

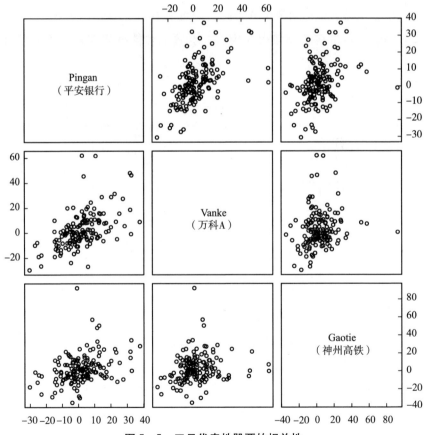

图 5 - 5　三只代表性股票的相关性

资料来源：Resset 数据库，2019 年。

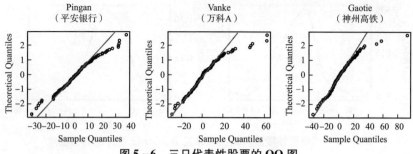

图 5-6　三只代表性股票的 QQ 图

资料来源：Resset 数据库，2019 年。

根据图 5-7、图 5-8 和图 5-9 的模拟结果，如果样本数据服从 t 分布，那么极大似然估计比矩估计的拟合效果要更好。例如，MLE 更接近真实值并对异常值更稳健。本书利用多元 t 分布对股票数据进行拟合并对均值和协方差矩阵进行极大似然估计。根据表 5-3 的数据显示，万科 A 与神州高铁两种股票之间的关联度极大似然估计值与矩估计相比提高了 10% 以上。

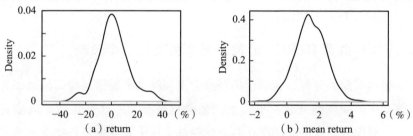

图 5-7　平安银行股票月均回报率及 Bootstrap 估计值的核密度

资料来源：Resset 数据库，2019 年。

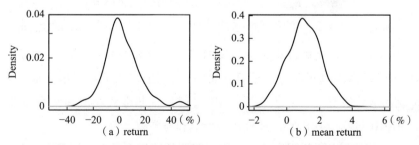

图 5-8　万科 A 股票月均回报率及 Bootstrap 估计值的核密度

资料来源：Resset 数据库，2019 年。

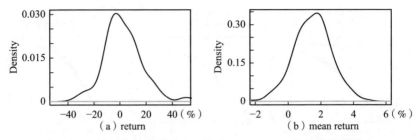

图 5 – 9   神州高铁股票月均回报率及 Bootstrap 估计值的核密度

资料来源：Resset 数据库，2019 年。

表 5 – 3   三只代表性股票关联系数的极大似然估计

代表性股票	平安银行	万科 A	神州高铁
平安银行	1.000	0.568	0.354
万科 A	0.568	1.000	0.191
神州高铁	0.354	0.191	1.000

资料来源：Resset 数据库，2019 年。

（二）股票 GARCH 时间序列分析及波动率预测

根据前面的分析，金融市场经常会出现波动率凝聚，即高波动率和低波动率的周期性变化。事实上，金融数据波动率通常是随时间变化的，准确模拟时变的波动率在养老保险基金投资管理中是一项非常重要的工作。本书应用 GARCH 时间序列模型来模拟和预测时变波动率。

$$E(\varepsilon_t \mid \varepsilon_{t-1}, \cdots) = 0; \ Var(\varepsilon_t \mid \varepsilon_{t-1}, \cdots) = 1 \qquad (5.2)$$

满足式（5.2）的性质称为条件同方差。如果 a_t 满足 $a_t = \sqrt{\omega + \alpha_1 a_{t-1}^2}\varepsilon_t$，就称过程 a_t 是 ARCH(1) 过程 $\sigma_t^2 = \omega + \alpha_1 a_{t-1}^2$，此方程对于理解 GARCH 模型至关重要。如果 a_{t-1} 具有较大的绝对值，那么 σ_t 也就比常见值更大。一般来说，AR 过程具有非常数均值和常数方差，而 ARCH 过程恰好相反，具有常数均值和非常数方差。

从前面的实证分析中可以看出，股票的回报率具有重尾分布，经常会出现异常值。产生异常值的其中一个原因可以归结为条件方差的非常数特征，也就是当方差较大时，异常值往往就会出现。GARCH 过程恰好能够对重尾分布进行模拟。GARCH(p，q) 模型表示为：

$$a_t = \sigma_t \varepsilon_t,\ \sigma_t = \sqrt{\omega + \sum_{i=1}^{p} \alpha_i a_{t-i}^2 + \sum_{i=1}^{q} \beta_i \sigma_{t-i}^2} \qquad (5.3)$$

下面应用 AR(1)/GARCH(1，1) 模型对三只代表性股票的月度回报率进行时间序列分析，实证结果如图 5 – 10 所示。股票回报率数据由 R 语言中的 rugarch 包进行数据拟合。其中，AR(1)/GARCH(1，1) 估计的参数分别为：$\mu = 0.013495$，$\phi = 0.127055$，$\omega = 0.000959$，$\alpha_1 = 0.198381$，$\beta_1 = 0.743080$。ϕ 值较大表示数据具有一定的正自相关性，α_1 较小表示较弱的自相关波动率凝结，而 β_1 稍大表示其作用超过 α_1。

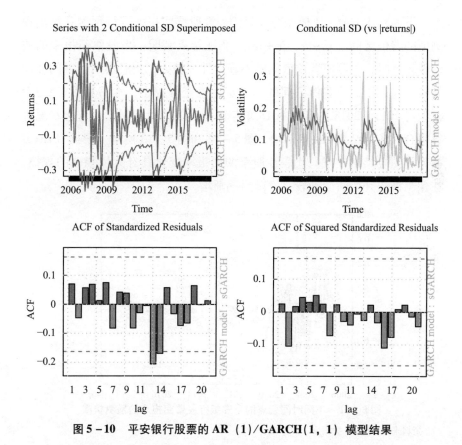

图 5 – 10　平安银行股票的 AR (1)/GARCH(1，1) 模型结果

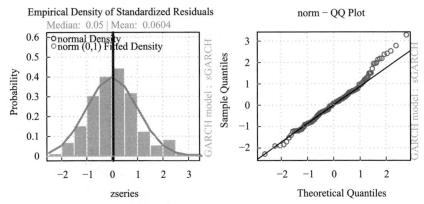

（续）图 5 - 10　平安银行股票的 AR（1）/GARCH(1，1）模型结果

资料来源：Resset 数据库，2019 年。

下面利用 GARCH 模型对几只代表性股票回报率进行预测并给出预测值的置信区间 $[\mu - \sigma, \mu + \sigma]$。实证结果表明：当股票回报率的波动性较大时，预测值置信区间的不确定性也较大；当股票回报率的波动性较小时，预测值置信区间的不确定性也变得较小。本书利用 GARCH模型对 2017～2018 两年和 2018 单年两种情形的股票回报率变化状况进行拟合，实证结果如图 5 - 11、图 5 - 12 和图 5 - 13 所示。根据 GARCH模型的拟合结果，三只代表性股票的回报率变化具有大体相似的规律，在预测极限开始时变动较小，随后逐渐增大。

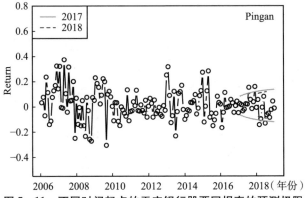

图 5 - 11　不同时间起点的平安银行股票回报率的预测极限

资料来源：Resset 数据库，2019 年。

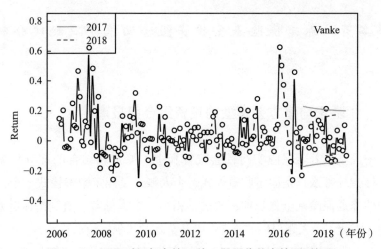

图 5 - 12　不同时间起点的万科 A 股票收益率的预测极限

资料来源：Resset 数据库，2019 年。

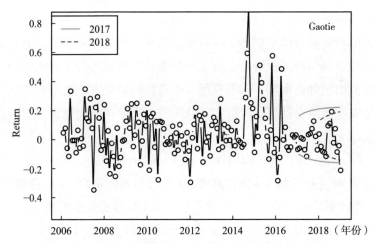

图 5 - 13　不同时间起点的神州高铁股票收益率的预测极限

资料来源：Resset 数据库，2019 年。

第二节 养老保险基金投资组合回报率及配比分析

一、基于均值方差模型的投资组合回报率

中国基本养老保险实行社会统筹和个人账户相结合的部分积累模式，社会统筹账户是固定收益模式，个人账户是固定缴费模式。个人账户中的养老保险基金是长期积累的，相当于个人储蓄，直到退休后方可领用。因此，个人账户中的养老保险基金随时间积累额不断增加，正常状态下个人账户是没有任何给付风险的，但需要对这部分资金进行市场化投资以实现保值增值。

杜塔等（2000）提出了一种简单的均值方差模型，对 DB 和 DC 混合模式的养老保险基金投资组合进行理论和实证分析。杜塔等（2000）所提出的投资组合模型扩展了马科维茨的基本均值方差模型，利用多国数据对股票和债券的投资组合权重分配及其回报率进行了实证分析。根据前面提出的理论模型，本书利用一个简化的均值方差模型对中国养老保险基金投资组合回报率进行实证分析。一个简化的均值方差投资组合模型表示为：

$$EJ(1 + wr + (1 - w)g) \tag{5.4}$$

使 $P = 1 + wr + (1 - w)g$，其中，J 为目标效用函数；r 为随机变量，是 DC 模式资金回报率；g 为随机变量，是 DB 模式资金回报率；P 为养老金总收入；w 为 DC 模式和 DB 模式所占比例，其值在 $0 \sim 1$。

为得到最优投资组合，最大化效用函数 U，令均值 E 为零，则得到：

$$EJ'(r - g) = 0 \tag{5.5}$$

如果 $0 < w < 1$，在没有风险规避的情况下，J' 是常数，E 为增函数，因此，w 越大，回报率越高。最优投资组合是投资 DC 资金越多，其投

资回报效率越高。下面考虑风险因素，在式（5.5）中引入风险因子 η（风险厌恶系数），用它来替换均值方差效用，则得到式（5.6）：

$$EJ(P) = EP - \frac{\eta}{2}var(P) \qquad (5.6)$$

将式（5.6）代入式（5.5）得到：

$$EP = 1 + w\mu_r + (1 - w)\mu_g \qquad (5.7)$$

对式（5.7）求 P 的方差：

$$Var(P) = w\sigma_r^2 + (1 - w)^2\sigma_g^2 + 2w(1 - w)\sigma_{rg} \qquad (5.8)$$

对 Var(P) 求导数，得到下列表达式：

$$w = \frac{\mu_r - \mu_g + \eta(\sigma_g^2 - \sigma_{rg})}{\eta\sigma_{r-g}^2} \qquad (5.9)$$

在此均值方差模型中，r 用股票回报率来衡量。一般来说，养老保险基金的投资期限相对较长，本书利用 2000～2017 年的时序数据对模型进行实证分析。根据时间长度为 18 年的数据预测，股票资产具有10.87% 的回报率（见表 5－4）。从风险规避的角度考虑，投资组合可以进行股票和债券资产配置。对于中国这样的新兴市场经济国家而言，虽然近 18 年股票的平均回报率高达 10.87%，但是股票回报率的方差也非常大，达到了 44.43，这表明股票投资回报率的波动率较高。实证结果表明在有限市场条件下，中国养老保险基金在证券市场上进行投资运营需要采取渐进的台阶式发展策略，初期风险资产的资份额不应过高，须随着市场成熟度的上升而逐步提高投资组合的风险资产比例。这与前面提出的新兴市场条件下投资选择理论相契合，也为中国养老保险基金投资比例限制提供了实践证据。

表 5－4　　　中国养老保险基金投资组合回报率（2000～2017 年）　　　单位：%

工资增长率		股票回报率		协方差
均值	方差	均值	方差	
13.1	0.026	10.87	44.43	0.37

资料来源：根据 2000～2017 年国家统计局统计数据，利用式（5.9）计算。

二、养老保险基金投资组合配比实证分析

实际上，DB 模式存在的潜在给付风险或许对养老保险基金的投资决策造成了某种影响。也就是说，DB 模式的潜在给付风险也会影响到养老保险基金投资组合的配比情况。尤其是对于中国这种养老保险基金规模庞大的经济体，金融市场处于发育阶段，目前缺乏与之配套的风险对冲机制，导致养老保险基金投资风险增大。政府债券是在没有其他可替代的低风险投资资产时最稳定的投资工具，但其投资回报率相对较低。在不同的风险厌恶系数情况下，通过养老保险基金在股票和债券两种资产中的配比分析，得到两种投资工具或更多投资工具的配比水平。根据每单位养老保险缴费，可以得到下式：

$$P = 1 + war + w(1-a)r_b + (1-w)g \qquad (5.10)$$

其中，r 为股票回报率，r_b 为债券回报率，a 为股票和债券两种资产分配系数。

在有无投资比例限制条件下，本书对养老保险基金投资在股票、债券和现金投资组合的配比水平进行实证分析。实证结果表明，在参数 $\lambda = 1 - 1/\eta$（η 为风险厌恶参数）增大的情况下，股票的投资比例逐渐上升，而债券和现金的投资比例却逐渐下降。这说明在没有其他可替代的低风险资产时，政府债券仍然是最稳妥的投资工具，但其回报率与股票相比明显偏低。在不同风险厌恶系数情况下，可以通过投资组合模型对 DC 模式养老保险基金在股票和债券的配比水平进行模拟。在有投资比例限制的条件下，当风险厌恶系数 λ 为 0.03 时，股票配比为 0.002，债券配比为 0.45，现金配比为 0.55；当 λ 为 0.07 时，股票配比为 0.013，债券配比为 0.65，现金配比为 0.33；当 λ 为 0.1 时，股票配比为 0.022，债券配比为 0.81，现金配比为 0.17。在不同投资限制条件下，可以得到最优配比并可以适当调高对股票风险资产的配置比例。在不同风险厌恶系

数情况下，中国养老保险基金具体配比水平变化如图 5 – 14 和图 5 – 15 所示。实证结果表明，在有实际投资限制条件下，养老保险基金投资组合的股票资产配比低于 30%，而债券却没有这种限制（见图 5 – 14）；在无实际投资限制条件下，养老保险基金投资组合的股票资产配比可以根据风险厌恶系数进行适度提高，当风险厌恶系数较低时，养老保险基金投资组合的股票资产配比可以突破 30% 的投资上限（见图 5 – 15）。实证结果说明养老保险基金在金融市场投资必须根据风险和收益水平进行合理的资产配置，这主要包括两方面内容，一是在现行金融市场投资工具集合中选择一定数量具有不同风险和回报的投资工具，二是根据所选择投资工具的相关性和风险收益比率设计合理的投资比例。

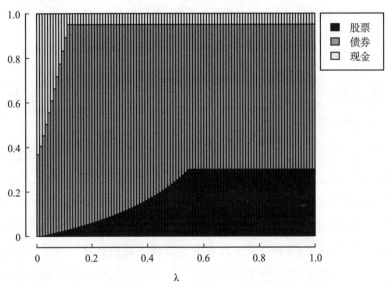

图 5 – 14　有实际投资限制下的养老保险基金投资配比水平

资料来源：根据 2018 年国家统计局数据，利用式（5.10）模拟。

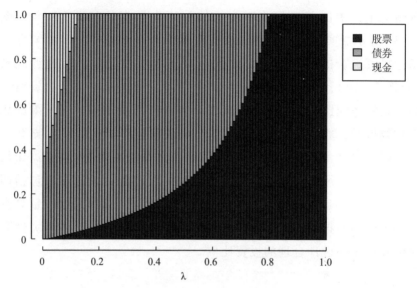

图 5 - 15　无实际投资限制下的养老保险基金投资配比水平

资料来源：根据 2018 年国家统计局数据，利用式（5.10）模拟。

第三节　基于风险收益模型的股票投资组合分析

根据养老保险基金投资组合收益率和资产配比分析，优化养老保险基金投资组合，不仅有利于提高养老保险基金的长期投资回报率水平，而且还有利于有效控制市场风险，从而确保养老保险基金的市场化投资运营在风险最小化的基础上实现投资回报最大化。在实际政策设计中，如何在金融市场的现有投资工具集合中选择合适的投资工具进行资产配置，并不是一个简单和容易完成的问题。关于如何进行投资组合选择问题，伯克莱尔等（Berkelaar et al.，2004）认为长期资产投资组合配置只需要少数几种资产的拟合，就能够获得较完善的投资组合。中国的其他投资工具，如基本建设和房地产等实体经济投资，投资状况及其回报率数据难以获取，这给本书的样本选择和数据拟合造成了一定困难，但本书的模型和实证结果总体上还是比较可靠和令人信服的。根据理论与实证分析，借鉴欧美和日本等发达经济体的经验，以股票和债券为基础的投资组合将是中国养老保险基金市场化投资的主要模式。基于此，本部分利用前面构建的风险收益投资组合模型，对养老保险基金投资组合中各行业股票资产配置的实际状况进行实证分析。

一、基础数据及方法

基础数据选取 2006 年 1 月 ~ 2017 年 12 月共 132 个月的面板数据，投资组合由债券（中国一年期国债）、现金（一年期定期银行存款）和股票（中国股票市场 14 个行业股票）三种资产组成。其中，股票数据是深圳证券交易所中可获得较完整的 676 家上市公司覆盖 14 大类行业的股票，三种资产的回报率均为月回报率。本书的基础数据来源为国家统计局和 Resset 金融研究数据库；行业分类方法根据中国证监会 2016 年最新行业分类，将股票资产分为 14 个行业类别。其中，A：农业类（包括农、林、牧、渔业和与其相关的服务业）；B：采矿业；C：制造业；D：电力、热力、燃气及水生产和供应业；E：建筑业；F：批发和零售业；G：交通运输、仓储和邮政业；H：住宿和餐饮业；I：信息传输、软件和信息技术服务业；J：金融业；K：房地产业；M：科学研究和技术服务业；N：水利、环境和公共设施管理业；R：文化、体育和娱乐业。

在风险收益投资组合模型中，把风险收益比（广义 Rachev 比率）作为测量投资组合风险收益表现的工具。与传统的收益变动比不同，它可视为非高斯分布下尾部回报与尾部风险的比率。与一般的金融资产不同，在养老保险基金投资运营过程中，安全性是最根本的底线要求，风险规避具有特殊的重要地位。广义 Rachev 比率恰好能够衡量风险—收益的均衡。下面对养老保险基金投资进行资产配置，使用广义 Rachev 比率作为目标函数，并在禁止做空的约束条件下对养老保险基金最优投资组合进行模拟计算。

二、实证结果及分析

在风险收益比（广义 Rachev 比率）γ 的不同参数条件下，根据风险收益模型计算投资组合在中国各行业的股票权重。在不同的风险收益比指数条件下，投资组合在各行业的股票权重存在显著差异（见表 5 - 5）。

表 5 - 5　　　基于 γ 的投资组合在各行业所占的权重（2006 ~ 2017 年）

行业	风险收益比			
	γ = 1	γ = 2	γ = 3	γ = 4
A	0.05030855	0.037248094	0.035956960	0.05862600
B	0.04867910	0.025466456	0.019606712	0.03140206
C	0.32675569	0.570534520	0.517345887	0.54855881
D	0.05035843	0.009801905	0.062447323	0.03095868
E	0.03363417	0.011147268	0.059466744	0.01513867
F	0.07512215	0.076541524	0.079467070	0.05477082
G	0.03003145	0.026255766	0.035368312	0.04780239
H	0.05559485	0.042585767	0.051061598	0.04878528
I	0.03628136	0.050452458	0.012970504	0.02856059
J	0.14987300	0.053298042	0.033899125	0.03534733
K	0.03659969	0.037316770	0.057889778	0.03897325
L	0.00000000	0.000000000	0.000000000	0.00000000
M	0.01517701	0.038696827	0.020126712	0.01424296
N	0.04801615	0.020654602	0.009674395	0.03555100
O	0.00000000	0.000000000	0.000000000	0.00000000
P	0.00000000	0.000000000	0.000000000	0.00000000
Q	0.00000000	0.000000000	0.000000000	0.00000000
R	0.04356840	0.000000000	0.004718880	0.01062532
平均	0.06160000	0.12440000	0.13510000	0.10240000

资料来源：CEIC 数据库，2019 年。

　　根据图 5 – 16 可以看出，在股票投资组合中，制造业股票的权重处于优势地位。当 γ = 1 时，制造业股票权重为 32.7%，远高于其他行业的股票权重。这一方面与中国制造业股票的数量较多有关，另一方面也与制造业在此期间取得长足发展和业绩上升有关。在投资组合中，金融业的股票权重也相对较高。当 γ = 1 时，金融业股票权重为 15%，显示出金融业较强的风险收益均衡特性。当 γ 逐渐增大时，股票投资到制造业和金融业的比重就会显著上升，这一特征表明制造业和金融业具有较高的风险收益比。根据实证结果，养老保险基金投资组合的平均回报率分别为 6.16%、12.44%、13.51% 和 10.24%，风险收益比较高。在投资组合中，需要根据各行业股票回报率和权重进行合理的资产配置。

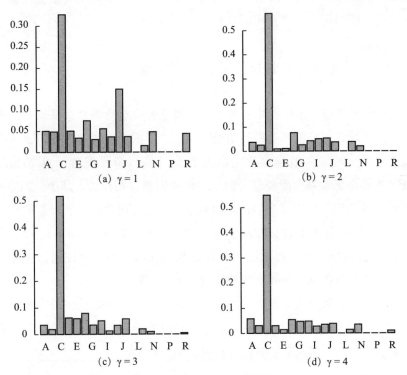

图 5 – 16　基于 γ 的投资组合在各行业所占的权重（2006 ～ 2017 年）

资料来源：根据国家统计局和 Resset 数据库数据计算，2018 年。

第四节　养老保险基金投资组合预期回报实证分析

根据中国人力资源和社会保障部 2019 年公布的数据，2018 年，全国 17 个省（区、市）与中国社会保障基金理事会签订的 8580 亿元养老保险基金委托投资合同中已有 6248.69 亿元到账投资运营。这标志着中国养老保险基金市场化投资运营进入了一个新的发展阶段，养老保险基金投资规模将逐步扩大。根据本书的理论与实证研究，在有限市场条件下，中国养老保险基金市场化投资运营的理性战略是充分利用投资组合来提高投资回报并有效规避市场风险。下面对中国养老保险基金投资组合及其预期回报水平进行实证分析。

一、养老保险基金投资组合回报模型

在宏观经济动态运行中，养老保险基金投资运营需要选择恰当的投资组合进行资产配置并获得长期投资回报。根据前面的实证分析，本书选择股票、国债和银行存款三种投资工具进行资产配置，对 2020 ~ 2030 年养老保险基金投资组合的平均预期回报进行模拟。其中，2020 ~ 2030 年股票回报率以本书利用风险收益比测定的中国 14 个行业平均回报率 6.2% 作为基础数据；国债回报率以 2019 年 10 年期平均回报率 4% 为基础数据；银行存款以 5 年期平均利率 3% 为基础数据，三种投资工具回报率在模拟期间的波动率设定为 1.5%。

假设养老保险基金投资总额为 P，其投资组合的股票、国债和银行存款的投资比例分别为 α_1、α_2 和 α_3，回报率分别为 R_1、R_2 和 R_3，养老保险基金投资组合基年的投资积累额 B_0 表示为：

$$B_0 = P \sum_{i=1}^{3} \alpha_i (1 + R_i) \qquad (5.11)$$

假设养老保险基金基年投资积累额（本金与回报之和）继续利用

投资组合进行投资，则基年以后各年的投资积累额表示为：

$$B_n = B_{n-1} \sum_{i=1}^{3} \alpha_i (1 + R_i) \qquad (5.12)$$

其中，B_n 为第 n 年养老保险基金投资积累额。

根据养老保险基金选择股票、债券和银行存款三种投资工具进行资产配置，可以对养老保险基金在 2020 ~ 2030 年的预期投资回报水平进行模拟。

二、养老保险基金投资组合预期回报模拟

根据养老保险基金投资组合的不同资产配置，并利用前面的股票、国债和银行存款的预期回报率假设，利用投资组合模型对 2020 ~ 2030 年期间养老保险基金投资组合预期回报进行模拟。本书假设全国 17 省（区、市）与中国社会保障基金理事会委托投资的 6248.69 亿元养老保险基金全部利用股票、国债和银行存款三种投资工具进行市场化投资运营并获得投资回报。方案一：股票、债券和银行存款的投资比例分别为 30%、50% 和 20%；方案二：股票、债券和银行存款的投资比例分别为 20%、60% 和 20%；方案三：股票、债券和银行存款的投资比例分别为 50%、30% 和 20%。在金融市场达到稳态均衡条件下，三种方案的养老保险基金投资积累额和预期回报状况如表 5 - 6、表 5 - 7 和表 5 - 8 所示。

表 5 - 6　　　　　　养老保险基金投资组合预期回报（方案一）

年份	投资组合比例（%）			回报率（%）			养老保险基金投资积累额（亿元）			平均回报率（%）
	股票	债券	银行	股票	债券	银行	股票	债券	银行	
2020	30.00	50.00	20.00	6.20	4.00	3.00	1990.83	3249.32	1287.23	4.46
2021	30.00	50.00	20.00	6.20	4.00	3.00	2114.26	3379.29	1325.85	4.57
2022	30.00	50.00	20.00	6.20	4.00	3.00	2245.35	3514.46	1365.62	4.68

年份	投资组合比例（%）			回报率（%）			养老保险基金投资积累额（亿元）			平均回报率（%）
	股票	债券	银行	股票	债券	银行	股票	债券	银行	
2023	30.00	50.00	20.00	6.20	4.00	3.00	2384.56	3655.04	1406.59	4.79
2024	30.00	50.00	20.00	6.20	4.00	3.00	2532.40	3801.24	1448.79	4.91
2025	30.00	50.00	20.00	6.20	4.00	3.00	2689.41	3953.29	1492.25	5.03
2026	30.00	50.00	20.00	6.30	4.10	3.10	2859.49	4114.59	1537.92	5.17
2027	30.00	50.00	20.00	6.50	4.20	3.10	3043.94	4285.82	1585.92	5.34
2028	30.00	50.00	20.00	6.60	4.20	3.20	3244.22	4467.75	1636.41	5.51
2029	30.00	50.00	20.00	6.70	4.30	3.20	3461.94	4661.19	1689.55	5.70
2030	30.00	50.00	20.00	6.80	4.40	3.30	3698.92	4867.04	1745.51	5.91

注：（1）股票为 14 个行业的平均回报率；债券为国债 10 年期平均回报率；银行存款为 5 年期平均回报率。（2）股票、债券和银行存款投资比例分别为 30%、50% 和 20%。（3）投资回报波动率设定为 2%。

资料来源：根据式（5.11）和式（5.12）计算。

表 5 - 7　　　　养老保险基金投资组合预期回报（方案二）

年份	投资组合比例（%）			回报率（%）			养老保险基金投资积累额（亿元）			平均回报率（%）
	股票	债券	银行	股票	债券	银行	股票	债券	银行	
2020	20.00	60.00	20.00	6.20	4.00	3.00	1327.22	3899.18	1287.23	4.24
2021	20.00	60.00	20.00	6.20	4.00	3.00	1409.51	4055.15	1325.85	4.34
2022	20.00	60.00	20.00	6.20	4.00	3.00	1496.90	4217.36	1365.62	4.43
2023	20.00	60.00	20.00	6.20	4.00	3.00	1589.71	4386.05	1406.59	4.54
2024	20.00	60.00	20.00	6.20	4.00	3.00	1688.27	4561.49	1448.79	4.64
2025	20.00	60.00	20.00	6.20	4.00	3.00	1792.94	4743.95	1492.25	4.75
2026	20.00	60.00	20.00	6.30	4.10	3.10	1906.33	4937.51	1537.92	4.88
2027	20.00	60.00	20.00	6.50	4.20	3.10	2029.29	5142.98	1585.92	5.02
2028	20.00	60.00	20.00	6.60	4.20	3.20	2162.81	5361.30	1636.41	5.18
2029	20.00	60.00	20.00	6.70	4.30	3.20	2307.96	5593.42	1689.55	5.35
2030	20.00	60.00	20.00	6.80	4.40	3.30	2465.95	5840.45	1745.51	5.53

注：（1）股票为 14 个行业的平均回报率；债券为国债 10 年期平均回报率；银行存款为 5 年期平均回报率。（2）股票、债券和银行存款投资比例分别为 20%、60% 和 20%。（3）投资回报波动率设定为 2%。

资料来源：根据式（5.11）和式（5.12）计算。

表 5 - 8　　　　　　　　养老保险基金投资组合预期回报（方案三）

年份	投资组合比例（%）			回报率（%）			养老保险基金投资积累额（亿元）			平均回报率（%）
	股票	债券	银行	股票	债券	银行	股票	债券	银行	
2020	50.00	30.00	20.00	6.20	4.00	3.00	3318.05	1949.59	1287.23	4.90
2021	50.00	30.00	20.00	6.20	4.00	3.00	3523.77	2027.57	1325.85	5.03
2022	50.00	30.00	20.00	6.20	4.00	3.00	3742.25	2108.68	1365.62	5.16
2023	50.00	30.00	20.00	6.20	4.00	3.00	3974.27	2193.03	1406.59	5.30
2024	50.00	30.00	20.00	6.20	4.00	3.00	4220.67	2280.75	1448.79	5.45
2025	50.00	30.00	20.00	6.20	4.00	3.00	4482.35	2371.98	1492.25	5.60
2026	50.00	30.00	20.00	6.30	4.10	3.10	4765.82	2468.75	1537.92	5.77
2027	50.00	30.00	20.00	6.50	4.20	3.10	5073.24	2571.49	1585.92	5.97
2028	50.00	30.00	20.00	6.60	4.20	3.20	5407.03	2680.65	1636.41	6.18
2029	50.00	30.00	20.00	6.70	4.20	3.20	5769.90	2796.71	1689.55	6.41
2030	50.00	30.00	20.00	6.80	4.40	3.30	6164.87	2920.22	1745.51	6.67

　　注：（1）股票为14个行业的平均回报率；债券为国债10年期平均回报率；银行存款为5年期平均回报率。（2）股票、债券和银行存款投资比例分别为50%、30%和20%。（3）投资回报波动率设定为2%。

　　资料来源：根据式（5.11）和式（5.12）计算。

　　根据2020～2030年养老保险基金投资组合的平均预期回报水平模拟，实证结果表明：在金融市场实现稳态均衡的条件下，倘若投资组合各投资工具的投资回报率水平保持不变，则三种方案的养老保险基金投资组合的平均预期回报水平存在显著差异。养老保险基金投资股票资产的比例越高，养老保险基金投资组合的平均预期回报率水平就越高。例如，当股票资产配置为20%时，养老保险基金投资组合平均回报率为5.53%；而当股票资产配置为50%时，养老保险基金投资组合的平均回报率达到了6.67%。由此可见，养老保险基金投资组合预期回报实证结果印证了本书的理论假说。在现实有限市场条件下，中国养老保险基金市场化投资对股票市场投资比例进行了政策限制，这是控制投资风险的理性选择，但也客观上造成了现阶段养老保险基金投资回报率水平偏低。从中长期来看，伴随社会经济发展和金融市场的繁荣及市场成熟度的提高，养老保险基金投资运营需要借鉴欧美和日本等成熟市场的经验，增加风险资产的配置，逐步扩大股票市场的投资比例，尽可能在风险最小化的前提下提高长期投资回报水平。根据有限市场假说，提高金融市场的有效性和成熟度，稳定证券市场并实现稳态竞争均衡和减少股票价格的波动性，是提高养老保险基金市场化投资运营效率和提高夏普比率的重要途径。

第六章

养老保险基金投资的风险管理分析

在宏观经济波动和人口老龄化不断加剧的背景下，对提高养老保险基金投资回报率的要求逐步提高。只有加强养老保险基金投资运营的风险管理，才能实现提高投资回报率的政策目标，如果脱离了安全性的轨道，养老保险基金投资回报也就化成了泡影。在新兴金融市场环境下，养老保险基金投资面临着金融市场机制不成熟和金融市场回报率异常波动等问题的威胁与挑战，养老保险基金投资充满了回报率的不确定性和各种潜在的投资风险。根据底线安全的原则，有效防范和控制投资风险，是养老保险基金市场化投资运营的最根本要求。本章将对中国养老保险基金投资所面临的主要投资风险进行分析和实际测度，并在此基础上对养老保险基金投资动态最优风险管理等问题进行理论和实证分析。

第一节　养老保险基金投资风险分析

在人口老龄化危机不断加剧的背景下，养老保险基金进行市场化投资运营和逐步提高回报率是必然的政策选择。在养老保险基金市场化投资过程中，不仅需要通过合理的投资组合政策设计来提高回报率，还需要根据底线安全的属性严格控制各种投资风险并提高养老保险基金投资的风险收益比。

一、养老保险基金投资风险总体判断

养老保险基金在金融市场上进行投资，不可避免地会遭遇各种投资风险，既存在宏观经济衰退、全球资产价格波动、金融危机、利率风险和通货膨胀等系统性风险，也存在市场投资过程中的代理人风险、投资绩效风险和信用风险等非系统性风险。特别像中国、俄罗斯、印度和南非等新兴市场国家的金融市场，与欧美和日本等发达经济体的成熟金融市场相比，这些国家投资风险发生的概率更高。如果不能通过宏观政策调控和市场规避措施对这些投资风险进行有效管理和控制，就将导致养老保险基金投资面临巨大损失，从而降低基金回报率。

考虑一般的情形，假设养老保险基金资产为 M，金融市场投资工具的集合为 $X = \{x_1, x_2, \cdots, x_n\}$，养老保险基金投资配置到各种投资工具中的权重向量为 $w = (w_1, w_2, \cdots, w_n)$，资产的增值和安全等需求用数学函数 $s(w)$ 来表示，那么养老保险基金资产 M 的资产配置就形成了一个投资组合，表示为：

$$\Omega(M) = \{x_i \in X, i = 1, 2, \cdots, n\} \qquad (6.1)$$

养老保险基金资产 M 的最优投资组合表示为：

$$w^* = \arg\min s(w) \qquad (6.2)$$

考虑发生投资风险的情形，投资风险被定义为投资期间所发生的资产损失。假设组合每一种资产的回报率为 r，投资风险造成的投资损失为 τ，养老保险基金投资组合回报率表示为：

$$R = (1 + \theta)^{-1} \sum_{i=1}^{n} \left(r_i - \frac{\tau_i}{\lambda_i M} \right) \qquad (6.3)$$

其中，R 为养老保险基金投资组合回报率，λ 为资产配置系数，θ 为时间贴现率，$0 < \theta < 1$。

显然，养老保险基金投资风险将对投资组合回报率产生重要影响，投资风险与回报率之间存在负相关性，即随着投资风险的增加，养老保险基金投资回报率将在不同程度上出现下降。

根据本书提出的新兴市场国家的有限市场理论假说，因为市场公平、政策公平和有效市场条件不能得到完全满足，从而导致中国新兴金融市场机制欠成熟，客观上增加了发生养老保险基金投资风险的概率。现阶段，控制金融风险成为中国三大攻坚任务之一，说明了金融市场运行的不稳定性和市场投资风险并不是小概率事件，这也为养老保险基金投资运营拉响了安全警报。根据投资风险的范畴，养老保险基金投资风险可划分为系统性风险（Systematic risk）、非系统性风险（Non-systematic risk）和背景风险（Background risk）[①]。根据投资风险的表现，养老保险基金投资风险可划分为显性风险（Explicit risk）和隐性风险（Implicit risk），前者如金融市场利率风险、通货膨胀风险等，后者如代理人风险、投资者收入和健康等引起的背景风险等。根据投资风险的作用机理，养老保险基金投资风险可划分为直接风险（Direct risk）和间接风险（Indirect risk），前者如经济衰退、全球性资产价格波动、银行危机等[②]，后者如政策风险和代理人道德风险等。中国养老保险基金市场化投资发展缓慢，除了受金融市场不成熟的制约外，投资风险也是一个重用的影响因素。中国养老保险基金投资风险的具体分类如表 6 - 1 所示。

表 6 - 1　　　　　　　中国养老保险基金投资风险分类

投资风险		风险管理		新风险
类型	实例	方式	实例	
系统性风险	全球资产价格波动	政府提供降低风险工具；政府担保	基于通货膨胀的指数化债券	政策风险

①　背景风险在国外研究中较多涉及，主要研究在家庭风险资产配置中所涉及的劳动力收入、健康等因素对投资组合的影响。关于养老保险基金投资背景风险的研究参见：Cardinale M，Katz G，Kumar J，et al. Background Risk and Pensions. *British Actuarial Journal*，Vol. 12，No. 1，2006，pp. 79 - 152.

②　关于金融市场的系统性风险的讨论参见：范小云：《金融结构变革中的系统性风险分析》，载《经济学动态》2002 年第 12 期。

续表

投资风险		风险管理		新风险
类型	实例	方式	实例	
系统性风险	宏观经济衰退	政府提供降低风险工具;政府担保	最低养老金或实际回报率保证	代理人风险;道德风险;政策风险
	管理效率或投资经验不足（基金公司或行业）	投资组合多元化	跨国家或通过中间机构的投资组合多元化	政策风险;贸易争端;战争风险
	银行危机	审慎规制;政府担保	资金充足	政策风险
			存款保险	代理人风险;政策风险
非系统性风险	道德风险 — 欺诈	审慎规制;政府担保	投资组合多元化;自我投资限制;补偿机制	政策风险;代理人风险;道德风险
	道德风险 — 操作风险			
	逆向选择 — 价格合理的保险非普遍可用			

资料来源：根据斯瑞尼瓦斯等（Srinivas et al.，2002）的研究报告进行整理。

（一）系统性风险

在开放的经济环境中，系统性风险是一种最重要的且被经济学家讨论的风险，但是迄今为止它并没有一个比较正规的定义。这主要是因为社会和经济系统的差异性，系统性风险的内涵与外延也存在明显区别。本书的系统性风险是特指养老保险基金投资运营过程中所面临的市场风险，即社会、政治、经济和文化等因素变化对养老保险基金投资所造成的影响；主要包括政策风险、宏观经济周期性波动风险、利率风险、通货膨胀风险和汇率风险等，也包括金融危机、国际贸易争端、战争和自然灾害等带来的市场风险。系统性风险将对金融市场带来巨大冲击，直接造成股票市场的整体波动性，导致全部股票价格下降。对于养老保险基金市场化投资来说，投资组合已经无法分散证券市场的系统性风险，此时最有力的措施是进行养老保险基金证券投资配比限制。

在养老保险基金市场化投资过程中，金融市场、投资工具、投资机构、市场基础设施或金融系统可能是金融市场系统性风险的来源，也是金融市场系统性风险的传递者。在金融市场系统中，要确定一个突发事件的规模及其变化是不容易的。金融市场系统性风险可能来源于金融系统内部或外部，或者可能是特定金融机构与金融机构相互关联的结果，也可能是金融市场和实体经济冲突的显性化。在宏观经济运行过程中，金融市场系统性风险包括金融系统正常运行的风险与系统产生的风险。这两种风险可能会重叠，而且会令人震惊地放大在整个宏观经济系统中并对实体经济产生严重的嵌入式冲击（Zigrand，2014）。根据艾伦和卡莱蒂（Allen & Carletti，2011）的研究，金融市场系统性风险主要包括6种类型：（1）资产价格泡沫尤其是房地产泡沫；（2）流动性准备金和资产定价错误；（3）多重均衡和恐慌；（4）危机蔓延；（5）主权违约；（6）货币错配银行系统。

根据本书提出的新兴市场国家的有限市场理论假说，养老保险基金市场化投资面临着金融市场机制不成熟引起的潜在风险。例如，中央银行的货币政策造成的利率波动和通货膨胀，私人购房或房地产税收政策对股票市场资金供求关系和股票价格的影响等。在养老保险基金市场化投资过程中，对系统性风险的防范和控制主要是通过政府提供的风险规避和风险控制工具完成的，对于不可避免事件对养老保险基金投资回报率的冲击，只能依靠政府担保的渠道来予以妥善处理。对于养老保险基金投资组合政策设计来说，金融市场的系统性风险是不能通过投资组合策略进行分散的风险。政策制定者需要根据一定周期内的宏观经济动态运行变化趋势进行审慎性规制，并对养老保险基金投资组合的股票资产配置比例进行合理控制，以避免系统性风险造成的投资损失。

（二）非系统性风险

在市场化投资过程中，养老保险基金投资面临的第二个主要风险是非系统性风险或称为特质风险（Idiosyncratic risk）。与市场系统性风险不同，非系统性风险主要是金融市场投资微观层面所发生的风险，它是一种可以通过有效投资组合分散的风险，即可以通过有效的投资组合来提高风险收益比。根据本书提出的有限市场理论假说，在中国新兴金融市场条件下，养老保险基金市场化投资运营将面临市场公平、政策公平和有效市场三个基本要素的局部缺失，这就导致养老保险基金投资运营发生非系统性风险的概率更高。从金融市场投资的现实情况观察，中国养老保险基金在大规模市场化投资运营过程中，将主要面临下列几种类型的非系统性风险。

1. 代理人风险

中国金融市场发展较晚且正处于发展阶段，客观上造成了市场机制的不成熟，特别是金融市场投资尚未建立欧美和日本等发达经济体成熟市场的代理人制度。中国养老保险基金在市场化投资运营过程中，主要采用集中（全国社会保障理事会）和分散（各省市政府）的政府机构委托代理模式，将面临代理人风险（Agency risk）。一方面，由于养老保险基金未实现全国统筹，导致各省份政府的养老金投资运营各自为政，形成了管理的碎片化，不利于建立统一的正规化和专业化的养老保险基金投资运营机制，客观上造成了代理人风险的增加。另一方面，政府机构委托代理模式是一种"准市场机制"，并未形成规范化的完全竞争市场机制，这不仅降低了投资效率和长期回报率，还导致了"搭便车"和"寻租"行为，降低了养老保险基金投资的透明度，客观上增加了制度成本并导致了代理人暗箱操作和欺诈行为的发生，在很大程度上增加了养老保险基金市场化投资的代理人风险。

2. 投资绩效风险

中国目前的养老保险基金市场化投资的政府委托代理模式存在一定的制度缺陷，不仅客观上造成了代理人风险，同时也造成了投资绩效风险（Investment performance risk）。显然，养老保险基金市场化投资运营是一个面向国内甚至全球化金融市场的长期行为，不仅要确保安全，而且要根据市场运行状况进行有效投资组合选择并提高回报率，这是养老保险基金投资运营的两个最重要的政策目标。保证安全不是目的，在安全基础上提高投资回报才是万能之钥。实事求是地说，中国养老保险基金投资运营面临的最重要风险就是投资绩效风险。因为政府委托代理模式导致养老保险基金投资运营的规范化和市场竞争不足，无法从制度上保证最优的投资机构或者基金管理公司能够受托进行养老保险基金投资，这就可能对养老保险基金投资绩效产生严重的负面影响。如果政府委托代理过程存在灰色操作，养老保险基金投资的整体绩效就将蒙受更大的损失。由此可见，不从根本上对养老保险基金市场化投资运营进行体制机制创新，遵循市场规律并借鉴欧美和日本等发达经济体成熟市场发展经验以加强养老保险基金市场化和专业化投资，那么养老保险基金市场化投资将永远面临投资绩效风险，长期回报率的提高就会面临困局。

3. 流动性风险

在市场化投资运营过程中，中国养老保险基金还将面临金融市场流动性风险（Liquidity risk）。流动性风险是一种普遍存在于金融市场特别是股票市场的一种风险，它主要是因为资产的不恰当配置，导致投资的股票或债券在市场上交易困难，从而导致投资陷入流动性陷阱。如果养老保险基金进行股票市场投资，那么投资组合所选择的股票组合便至关重要。如果股票投资组合配置不合理，就可能导致某些股票资产的市场交易困难，即遇到流动性陷阱，由此导致股票市场价格的波动，直接引起投资回报率的下降。在本书第五章的实证研究中，中国目前养老保险基金投资在制造业和金融业的股票权重较高，如果进行投资组合选择，就应该优先选择这两个行业的股票并适度提高投资比例，以有效规避流动性陷阱。

4. 信用风险

在市场投资的非系统性风险中，信用风险（Credit risks）是另一个非常重要的投资风险，即投资代理人或资产拥有者出现的违约风险。特别是在中国、俄罗斯和印度等新兴市场国家的新兴金融市场，由于市场机制的不完善，信用风险发生的概率更高。中国养老保险基金市场化投资运营主要采用集中或分散的政府委托代理模式，这就难以保证最优的市场化投资决策过程。这不仅增加了代理人风险，而且极大增加了信用风险。这里的信用风险主要包括两个方面，一是股票发行者（包括企业）的信用风险，二是养老保险基金投资代理人的信用风险。无论是股票还是企业债券，都可能存在信用风险。例如，企业经营或者财务状况出现危机就会造成企业破产或者无法履行正常的资金支付责任。对养老保险基金投资代理人来说，道德风险导致市场欺诈行为的发生或者恶意资产套利，其结果是基金管理公司无法正常履行养老保险基金的投资责任，这就引发了信用风险。无论是实体经济中的企业还是投资代理人出现的信用风险，都将直接造成养老保险基金投资的市场损失并降低投资回报率。一些国家已发生过多起信用风险案例，其中的经验教训是值得吸取和借鉴的。控制信用风险的最佳途径就是借鉴欧美和日本等成熟市场的发展经验，建立严格的市场准入制度，根据市场经营和履约记录等指标对所有企业（包括实体经济中的企业和基金管理公司）进行信用评级，只有达到一定级别（如 AAA）的实体经济中的企业才允许进入证券市场，而达到 AAA 级别的基金管理公司经过规范化的市场竞争才能够获准养老保险基金投资。总而言之，信用等级评定或资格审查制度和审慎的市场监管制度是合理规避和控制信用风险的根本保证。

5. 代理人背景风险

养老保险基金在市场化投资运营过程中，还将面临代理人背景风险（Agency background risk），这是一个新的研究领域。所谓代理人背景风险，主要是指代理人的专业、资格、经验、心理、性格和情绪等个人因素对养老保险基金投资所带来的风险。无论采用何种形式进行市场化投资，养老保险基金投资都是由代理人直接完成的。金融市场上代理人的异质性，可能导致投资策略、操作行为、投资绩效存在显著区别。例如，性格内向的代理人可能在很大程度上采取保守的投资组合策略，而情绪化的代理人可能采取比较激进的投资组合策略。这些带有明显个人色彩的代理人投资行为就有可能导致投资风险的发生。在养老保险基金投资过程中进行有效的代理人背景风险控制是完全必要的，这不仅需要对基金管理公司进行有效监管，还须督促公司对代理人进行专业技能培训并采取必要的措施控制代理人投资行为，以及进行制度约束，以达到有效规避代理人背景风险的目的。

（三）背景风险

养老保险基金在市场化投资运营过程中，除了面临系统性风险和非系统性风险外，还将面临背景风险。与系统性风险和非系统性风险不同，背景风险是从投资者个人角度考虑的投资风险，主要是指投资者的家庭结构、就业水平、劳动收入、健康状况和死亡风险等因素对家庭金融投资账户或个人账户养老金投资组合带来的潜在风险（Heaton & Lucas，2000）。本书将背景风险划分为两个范畴，一个是代理人背景风险，另一个是投资者背景风险。前者是指养老保险基金投资的代理人风险，在本书的非系统性风险中已经进行了分析；后者是指养老保险基金个人投资者风险，本部分主要对投资者背景风险进行分析。在投资组合模型中，主要考虑了金融市场的股票、债券和房地产等资产的配置，并根据方差参数进行风险统计分析，但尚未包括投资者个人背景风险因素。所谓投资者背景风险，是指投资者的劳动收入、健康状况、住房价格和死亡风险等背景因素对投资组合造成的潜在风险。由于这些背景风险在金融市场上不能进行交易，从而导致其在投资组合模型中往往被人为忽略了。与美国、瑞典、英国等国家的个人账户投资模式不同[1]，中国养老保险基金的个人账户部分进行集中管理和统一投资运营，个人不能进行个性化选择。在个人建立家庭金融账户进行养老保障的情形，随着基本养老保险制度的不断完善或者养老保险基金私有化，个人账户由个人进行投资组合选择或许会变成现实，这就不得不考虑投资者背景风险问题。国外的大量研究成果表明，投资者的劳动收入、健康状况、家庭构成、死亡风险等因素对家庭金融账户或者养老金 DC 账户投资组合造成投资风险，因为个人账户的风险资产不同配置将带来不同的收益风

---

① 美国、瑞典和英国等 OECD 国家的公共养老金主要由专业基金管理公司负责投资运营，私人养老金（DC 账户）既可以选择基金管理公司负责投资运营，也可以由投资者本人自愿进行资产配置。

险。例如，国外一些统计经验事实表明，性别差异是一种不可忽视的背景风险，女性比男性在个人账户风险资产投资组合选择上更谨慎，而男性比女性更偏好投资高风险的资产。因此，中国的商业养老保险发展需要重点考虑投资者背景风险问题。背景风险是一个值得深入挖掘的领域，家庭金融资产配置和个人账户养老金投资运营需要根据背景风险选择投资组合并提高回报率。

第二节　养老保险基金投资风险测度

一、投资风险的概念界定

一般来说，投资风险的直观概念是指投资的实际状况与其预期目标的偏离程度。威伦（Whelen，2007）将养老保险基金在金融市场上的投资风险定义为投资变动分布的弥散程度。其中，投资变动定义为在一定时期内实际的投资状况相对原始投资预期的差值，这一差值通常被视为服从某一分布的随机变量。假设一个投资者拥有完美的匹配资产和负债，那么任何估计方法都会得出投资变动完全确定，也就是投资风险为零的结果。

养老保险基金投资风险是一个非常重要的概念，但是因为其自身的复杂性，导致它通常难以量化。目前金融学界关于如何测量养老保险基金投资风险还没有达成共识，通行的做法是同时利用几种风险的量化指标来进行风险测度。

二、一般性的投资风险测度

理论上说，金融市场投资风险主要来自金融产品的价格变动，而信用风险是签约方不能履行合约义务。在现代风险管理理论中，风险价值

（VaR）和预期损失（ES）是两种常用的方法，并被广泛应用于各种市场风险、有价证券和复杂投资组合的实证分析中。VaR 方法主要是为了银行控制短期市场风险而提出的。尽管 VaR 已经在金融领域广泛应用，但是它还没有成为养老保险基金投资的标准工具。菲德（Fedor，2006）认为 VaR 方法可以作为长期市场风险的测度方法，同时他还提出在养老保险基金投资中使用 VaR 方法。VaR 定义为投资者在给定时间期限 T 内小于某一给定概率 α 的最大损失。假设 L 为持有期 T 内的资产损失，VaR 代表 L 的 α 分位点。对于连续的损失分布，VaR（α）定义为：

$$\mathrm{VaR}(\alpha) = \inf\{x : P(L > x) \leqslant \alpha\} \tag{6.4}$$

另一个重要的风险测度方法是预期损失（ES），其定义为：

$$\mathrm{ES}(\alpha) = \frac{\int_0^\alpha \mathrm{VaR}(x)\,\mathrm{d}x}{\alpha} \tag{6.5}$$

从上面的表达式可以看出，ES 实际上是 VaR 在 $u \in [0, \alpha]$ 内的均值。如果 L 满足连续分布，则有：

$$\mathrm{ES}(\alpha) = E[L \mid L > = \mathrm{VaR}(\alpha)] \tag{6.6}$$

$$\hat{\mathrm{VaR}}(\alpha) = -S\hat{q}(\alpha) \tag{6.7}$$

其中，S 为当前头寸，负号表示损失。

为估算预期损失 ES，有下列表达式：

$$\hat{\mathrm{ES}}_{np} = \frac{\sum_{i=1}^n L_i I(L_i > \hat{\mathrm{VaR}}_{np}(\alpha))}{\sum_{i=1}^n I(L_i > \hat{\mathrm{VaR}}_{np}(\alpha))} = -S\frac{\sum_{i=1}^n R_i I(R_i < \hat{q}_{np}(\alpha))}{\sum_{i=1}^n I(R_i < \hat{q}_{np}(\alpha))} \tag{6.8}$$

其中，I（·）为示性函数，下角标 np 表示非参数。

在实际应用中，很难获得风险测度的精确值，一般利用统计方法来测量并估算置信区间。尽管 VaR 与 ES 在概念上都非常简单，但要想准确估计它们并非易事。这两种风险测度方法都是度量稀少事件风险的，需要根据历史数据进行某种校正。本书结合养老保险基金投资数据，利用 VaR 与 ES 可用参数和非参数估计两种方法来进行风险测度。非参数方法的优势在于不需要预先假设损失分布属于某一特定的参数分布族。如果试图获得置信系数为 $1 - \alpha$ 的风险测度，就需要根据历史数据估计回报率分布的 α 分位点。VaR(α) 变化曲线如图 6 - 1 所示（S = 100，μ = 0.05，σ = 0.2）。

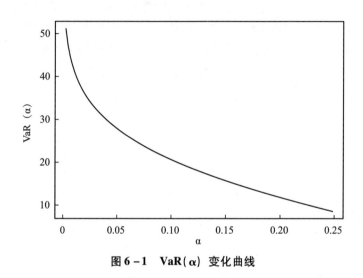

图 6 - 1　VaR(α) 变化曲线

本书还利用 VaR 和 ES 的参数估计方法进行风险测度，参数估计方法具有一定优势。参数估计可以利用 GARCH 模型（Ruppert，2015），使风险测度与此时的波动率相适应。假设股票回报率满足多元正态分布或 t 分布，此时股票的风险测度很容易计算。非参数估计由于使用样本分位数，只有当样本容量足够大时才有效。下面给出 VaR 与 ES 的参数估计方法公式。假设 f(x $|$ θ) 与 g(α $|$ θ) 是回报率的密度函数和分布函数，而 $\hat{\theta}$ 是 θ 的极大似然估计值。VaR 估计值为：

$$\hat{VaR}_p(\alpha) = -S \cdot CDF^{-1}(\alpha \mid \hat{\theta}) \qquad (6.9)$$

其中，下角标 p 代表参数估计，S 的定义与前面非参数估计相同。

类似地，ES 的估计值为：

$$\hat{ES}_p(\alpha) = -\frac{S}{\alpha}\int_{-\infty}^{\hat{VaR}_p} xf(x \mid \hat{\theta})\,dx \qquad (6.10)$$

　　由于获得的是 VaR 与 ES 的估计值，那么一个很自然的问题就是这一估计的不确定性有多大。如果利用 VaR 与 ES 估计一个投资组合的风险，使用参数估计方法将非常方便。根据中心极限定理，投资组合的总回报率近似服从一元的正态或 t 分布。对于正态分布，VaR 与 ES 相应的估计值分布为：

$$\hat{V}aR_p(\alpha) = -S\{\hat{\mu} + \Phi^{-1}(\alpha)\hat{\sigma}\} \tag{6.11}$$

$$\hat{E}S_p(\alpha) = S\left\{ -\hat{\mu} + \hat{\sigma}\left(\frac{\phi\{\Phi^{-1}(\alpha)\}}{\alpha} \right) \right\} \tag{6.12}$$

　　资产回报率随时间的波动也是准确估计风险的一大障碍，赫尔和怀特（Hull & White，2003）提出利用 GARCH 模型解决这一问题，主要方法是将时间波动因素考虑进去来对投资回报率进行校正。本书利用 GARCH 模型，可以得到平安银行、万科 A 和神州高铁三只代表性股票的条件标准差的 GARCH 估计（曲线）。其中，水平的虚线显示的是三只代表性股票的边际标准差，下一个月的条件标准差估计值由"＊"进行标识。对于下个月的预测值，边际标准差的估计值比 GARCH 预测值要稍微大一些。实证结果具体如图 6－2、图 6－3 和图 6－4 所示。

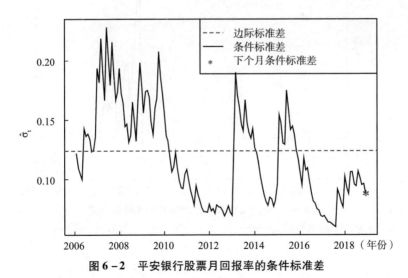

图 6－2　平安银行股票月回报率的条件标准差

资料来源：Resset 数据库，2019 年。

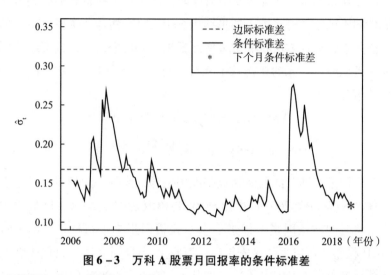

图 6-3 万科 A 股票月回报率的条件标准差

资料来源：Resset 数据库，2019 年。

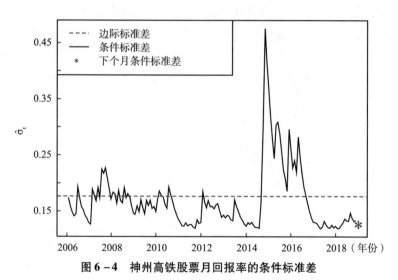

图 6-4 神州高铁股票月回报率的条件标准差

资料来源：Resset 数据库，2019 年。

假设资产分布的尾巴具有多项式衰减特征，金融资产特别是股票具有这一典型特征，这一特征就可以采用 Hill 估计量来进行分析。分布尾部的多项式函数指数的 Hill 估计量为：

$$\hat{\alpha}_{Hill} = \frac{1}{m} \sum_{i=1}^{m} \log\left(\frac{R_{(i)}}{R_{(m+1)}}\right) \tag{6.13}$$

假设 $R_{(i)}$ 为次序统计量，则 α 分位点的 VaR 值为：

$$\hat{V}aR_{Hill} = R_{m+1}\left(\frac{\frac{m}{n}}{\sigma}\right)^{\hat{\alpha}_{Hill}} \tag{6.14}$$

预期损失 ES 的估计量为：

$$\hat{E}S_{Hill} = \frac{\hat{V}aR_{Hill}}{1 - \hat{\alpha}_{Hill}} \tag{6.15}$$

图 6 – 5 为 Hill 估计量相对于 n(c) 的变化。在图 6 – 5 （a）中 n(c) 的范围为 5 ~ 35；图 6 – 5 （b）显示当 n(c) 在 16 ~ 24 的稳定性；图 6 – 5 （c）为进一步放大值的情况，可将 $\hat{a}_{Hill}$ 取值提高为 2.4。图 6 – 6 为 VaR 在 $0.002 \leq \alpha \leq 0.200$ 区间的几种估计值：回归估计、Hill 估计、t 分布估计和正态分布估计。实证结果表明：这几种估计方法的 VaR 估计值在区间开始时存在较大差异，但在区间末端出现明显的收敛倾向，即几种估计方法的 VaR 估计值的大小将逐渐趋同。

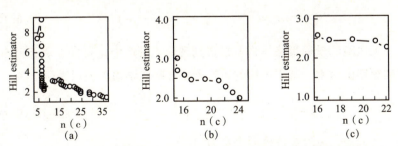

图 6 – 5 基于 Hill 估计的平安银行股票收益率分布的尾部指数

资料来源：Resset 数据库，2019 年。

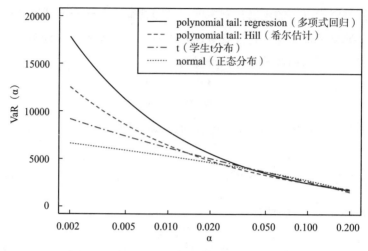

图 6 - 6　基于几种不同方法的 VaR(α) 估计值

资料来源：Resset 数据库，2019 年。

三、基于负债的投资风险测度

在金融市场投资过程中，债务驱动的投资作为一种管理资产负债相对额的投资理念可以使养老保险基金减少债务风险。埃尔顿和格鲁伯（Elton & Gruber，1992）提出了一种基于均值方差模型的分析方法。

对于养老保险基金资产 A 和债务 L，盈余资产 S 的收益为：

$$r_s = \frac{A(1+r_a) - L(1+r_l)}{A-L} - 1 \tag{6.16}$$

无风险的投资策略是将 L 投资到现金流资产中，而将盈余资产 S 投资到短期国债中，基于负债的风险测度金融数学模型表示为：

$$r_f = \frac{(A-L)(1+r_f) + (L-L)(1+r_l)}{A-L} - 1 \tag{6.17}$$

类似地，风险投资模型表示为：

$$r_R = \frac{A(1+r_R) - L(1+r_l)}{A-L} - 1 = r_R + \frac{L}{A-L}(r_R - r_l) \tag{6.18}$$

在养老保险基金投资过程中，任何投资组合都是风险投资与无风险投资两种策略的线性组合。然而，在实际政策制定中，如何选取养老保险基金的风险厌恶水平绝非易事。除了资产负债的差值是风险的一般测度，索尔蒂诺和米尔（Sortino & Meer, 1991）提出一种回报率偏离正态分布的风险测度模型。这一测度模型可由基于可能结果的模拟分布计算得出：

$$DR = \sqrt{\sum_{i=1}^{n} \frac{(\Delta S_i/L - r_{mar})^2 I(\Delta S_i/L - r_{mar})}{n}} \tag{6.19}$$

其中，$I(\cdot)$ 为示性函数，$\Delta S_i/L$ 为第 $i \in \{1, 2, \cdots, n\}$ 次模拟中相对盈余。在实际计算中，使用历史数据可能并无实质意义，因为资产负债的分布情况会随着宏观经济运行而发生变化。因此，在实际的养老保险基金市场化投资过程中，经常使用类似于计算风险价值的方法来对市场风险进行测定。

第三节　养老保险基金投资动态最优风险管理

一、利率风险

在金融市场上，金融资产主要有三种类型的资产：现金、债券和股票。在进行利率风险分析时，本书仅考虑股票和债券两种资产。本书提出一种 DC 模式养老保险基金的利率风险动态变化模型（Stochastic optimal portfolio model，SOPM）。这一模型与巴托基奥（2004）提出的模型主要具有三方面区别，一是 Battocchio 模型将 Ornstein – Uhlenbeck 过程（Vasicek, 1977）作为利率的动态随机模型，而 SOPM 模型使用 Cox – Ingersoll – Ross（CIR）平方根过程。在 CIR 过程中，利率变化始终保持非负性的重要特征。二是 Battocchio 模型将利率影响考虑进股票中。由于现阶段中国新兴金融市场的利率传导机制较弱，因此 SOPM 模型不考虑利率的影响。三是 Battocchio 模型考虑工资增长率的影响，SOPM 模型根据新兴市场条件剔除了这一因素的影响。在 SOPM 模型中，中国债券回报率具有均值回归（Mean-reversion）特征，这一重要特征与完全市场条件下的利率特征非常相似，且债券利率为非负。因此，在建立模型的时候可以从这里出发来进行分析。假设瞬时的利率变化服从 CIR 过程：

$$dr(t) = k(\theta - r(t))dt + \sigma_r \sqrt{r(t)}dW_r(t) \qquad (6.20)$$

其中，k，θ，$\sigma > 0$ 且 $2k\theta > \sigma^2$，W_r 为风险中性测度下的布朗运动。给定利率的随机微分方程，就可以推导出固定期限的债券价值。在 CIR 模型下，期限为 T 的债券价格满足以下的随机微分方程：

$$dB(t, T) = r(t)B(t, T)dt - \sigma_r \sqrt{r(t)}D(t, T)dW_r(t) \qquad (6.21)$$

$$D(t, T) = \frac{2(e^{h(T-t)} - 1)}{2h + (h + k)(e^{h(T-t)} - 1)} \qquad (6.22)$$

其中，$h = \sqrt{k^2 + 2\sigma^2}$。式（6.21）和式（6.22）的具体推导过程详见伯纳（Bohner，1998）。与固定收益资产不同，h = 股票价格服从下面的随机微分方程：

$$\frac{dS_t}{S_t} = \mu dt + \sigma_S dW_S \qquad (6.23)$$

其中，μ 为漂移率，σ 代表波动率。为了简化分析，本书只考虑单只股票的情况，可以认为它是股票指数基金或者股票的投资组合。在本模型中，如果将单只股票推广到多只股票并不困难。

二、通货膨胀风险

一般地，养老保险基金投资需要一个较长的时间周期。在此过程中，必须考虑宏观经济波动对养老保险基金投资回报率的影响，本书重点考虑宏观经济波动造成的物价指数上升对养老保险基金投资回报率的影响。实际上，描述物价指数（CPI）的随机微分方程服从一个 Itô 过程：

$$\frac{dP_t}{P_t} = \mu'dt + \sigma'dW_r + \sigma_S'dW_S \qquad (6.24)$$

图 6 - 7 是中国物价指数（CPI）的历史分布状况，结果显示 CPI 显著偏离正态分布。图 6 - 8 是相对应的对数 CPI 历史动态分布，对数 CPI 数据显示出较强的近似正态性，并且与股票的对数回报率分布非常接近。

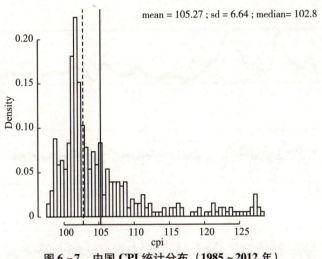

图 6 - 7　中国 CPI 统计分布（1985～2012 年）

资料来源：《中国统计年鉴》（1986～2013 年），中国统计出版社。

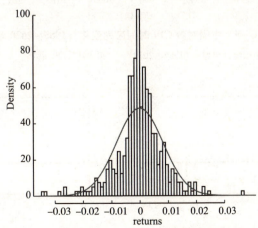

图 6 - 8　中国对数 CPI 统计分布（1985～2012 年）

资料来源：《中国统计年鉴》（1986～2013 年），中国统计出版社。

　　为进一步分析物价指数（CPI）的动力学变化过程，本书对 CPI 利用时间序列进行建模。图 6 - 9 显示的是对数 CPI 及其一二阶差分时间序列；图 6 - 10 显示的是对数 CPI 及其一阶差分的 ARIMA 拟合过程，它较好地拟合了对数 CPI 的时间演化过程，说明利用 CPI 在很大程度上能够对通货膨胀风险进行估计。

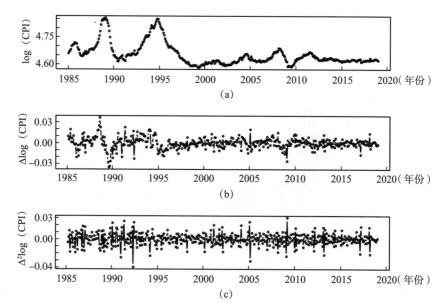

图 6 - 9　中国对数 CPI 时间序列变化（1985 ~ 2020 年）

资料来源：《中国统计年鉴》（1986 ~ 2013 年），中国统计出版社。

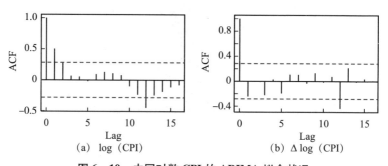

图 6 - 10　中国对数 CPI 的 ARIMA 拟合状况

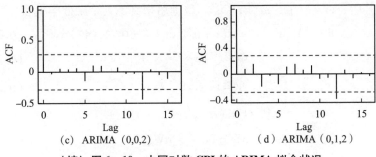

（c）ARIMA（0,0,2）　　　（d）ARIMA（0,1,2）

（续）图 6-10　中国对数 CPI 的 ARIMA 拟合状况

资料来源：国家统计局年度统计数据，http：//data. stats. gov. cn/easyquery. htm? cn = C01，2018 年。

三、资产配置的随机动力学模型

下面分析利率和股票指数对 CPI 变化的影响。在本书的模型中，股票指数和利率水平是通货膨胀率变化的重要影响变量。假设把养老保险基金按照 w 和 $1 - w$ 的比例配置到股票和债券两种资产中，资产的名义价值 A_n 微分增长量为：

$$\frac{dA_n}{A_n} = (1 - w)\frac{dB}{B} + w\frac{dS}{S}$$

$$= (1 - w)[r(t)dt - \sigma_r \sqrt{r(t)}D(t, T)dW_r(t)] + w(\mu dt + \sigma_s dW_s)$$

$$(6.25)$$

根据 Fisher 方程（Battocchio et al.，2002），资产的实际价值可以表示为：

$$dA = dA_n - A_n \frac{dP_t}{P_t} \qquad (6.26)$$

将股票和债券变化量代入式（6.26），可得到下列表达式：

$$\frac{dA}{A_n} = (1 - w)[r(t)dt - \sigma_r \sqrt{r(t)}D(t, T)dW_r(t)] + w(\mu dt + \sigma_s dW_s) - \frac{dP_t}{P_t}$$

$$= (m' + mw)dt - [(1 - w)\sigma_r \sqrt{r(t)}D(t, T) + \sigma_r']dW_r(t)$$

$$+ (w\sigma_s - \sigma_s')dW_s \qquad (6.27)$$

其中，$m = r - \mu$，$m' = r - \mu'$。整理后得到下列金融数学模型：

$$dA = A_n [r - \mu' + w(r - \mu)] dt + A_n (\Phi' + w\Psi') dW \qquad (6.28)$$

$$\Phi = (-\sigma_r', \ -\sigma_S')' \qquad (6.29)$$

$$\Psi = (\sigma_r \sqrt{rD}, \ \sigma_S)' \qquad (6.30)$$

$$\Omega_r = (\sigma_r \ \sqrt{r(t)}, \ 0)' \qquad (6.31)$$

$$dW = (dW_t, \ dW_S)' \qquad (6.32)$$

四、养老保险基金动态最优资产配置

养老保险基金投资的目标是选取最优投资组合来最大化效用函数，这个效用函数是实际养老保险基金资产的函数。与巴托基奥（2004）提出的模型相似，可以选取下列的指数效用函数：

$$U(A) = \eta e^{\delta A} \qquad (6.33)$$

其中，η，δ 是模型参数。

这样，养老保险基金投资组合的最优资产配置问题可以转化成一个随机最优控制问题：

$$\max_w E(U(A)) \qquad (6.34)$$

满足下面的约束条件：

$$d \begin{bmatrix} r \\ A \end{bmatrix} = \begin{bmatrix} \mu_r \\ A_n(m' + mw) \end{bmatrix} dt + \begin{bmatrix} \Omega_r' \\ A_n(\Phi' + w\Psi') \end{bmatrix} dW \qquad (6.35)$$

$$\mu_r = k(\theta - r(t)) \qquad (6.36)$$

约束条件的初始值为 $r(0) = r_0$，$A(0) = A_0$，时间为 $t \in [0, T]$。因为动力学是随机过程，即使给定某一时刻 t 的 （r，A） 和投资组合权重 $w(0 \rightarrow T)$，实际上也无法得到利率和资产的路径。因此，本书定义损失函数，它应该是效用函数对所有路径测度的均值：

$$C(r_0, A_0, w(0 \rightarrow T)) = E(U(A) + \int_0^T R dt) \qquad (6.37)$$

这里，R 是依赖路径的回报函数，则最优损失函数表达为：

$$J(t,\ r_t,\ A_t)=\min_{w_t}Rdt+E(J(t+dt,\ r_{t+dt},\ A_{t+dt})) \qquad (6.38)$$

对式（6.38）进行泰勒展开，很容易得到：

$$-\partial_tJ=\min_w(R+(\nabla J)^Tf+\frac{1}{2}TrQ^T\ \nabla^2Q) \qquad (6.39)$$

其中，f 和 Q 表示为：

$$f=\begin{bmatrix} r \\ A \end{bmatrix} \qquad (6.40)$$

$$Q=\begin{bmatrix} \Omega'_r \\ A_n(\Phi'+w\Psi') \end{bmatrix} \qquad (6.41)$$

如果考虑损失函数并不依赖路径的情形，即 R = 0，就可得到下列的汉密尔顿（Hamilton）函数表达式：

$$H=\mu_rJ_r+J_rA_n(m'+mw)+\frac{1}{2}\Omega'_T\Omega_rJ_{rr}+(A_n\Phi'+A_nw\Psi')\Omega'J_{rA}$$

$$+\frac{1}{2}J_{AA}(A_n^2\Psi'\Psi w^2+A_n^2\Phi'\Phi+2A_n^2w\Psi'\Phi) \qquad (6.42)$$

最优解可求一阶导数得到：

$$\frac{\partial H}{\partial w}=J_AA_nm+A_n\Psi'\Omega'J_{rA}+J_{AA}A_n^2\Psi'\Phi+J_{AA}A_n^2\Psi'\Psi w \qquad (6.43)$$

$$w^*=-\frac{J_A}{J_{AA}}\frac{1}{A_n}(\Psi'\Psi)^{-1}m-\frac{1}{J_{AA}}\frac{1}{A_n}(\Psi'\Psi)^{-1}\Psi'\Omega_rJ_rA-(\Psi'\Psi)^{-1}\Psi'\Phi$$

$$(6.44)$$

将最优解代入 Hamilton 函数，就可以得到 HJB 方程。

$$-\partial_tJ=\mu_rJ_r+J_AA_nm'+\frac{1}{2}\Omega'_r\Omega_rJ_{rr}+A_n\Phi'\Omega'J_{rA}$$

$$-\frac{1}{2}J_{AA}A_n^2\Psi'\Psi w^{*2}+\frac{1}{2}J_{AA}A_n^2\Phi'\Phi \qquad (6.45)$$

此模型将投资组合分解为：平均超额收益的贡献、对冲利率风险项和对冲通货膨胀风险项。如果要想获得模型的精确解，就需要对上述非线性偏微分方程进行数值求解。如果损失函数依赖路径 R≠0，求解随机 HJB 方程就变得非常困难。在均值方差条件下，动力学函数为线性而损失函数为二次型，上述问题就转变成 LQ 控制问题。此时，基于均值方差的动力学金融数学模型表示为：

$$R(r, A, w, t) = aw^2 + bw + c \qquad (6.46)$$

其中，系数 a，b，c 可以通过均值方差模型来确定，即：

$$R(r, A, w, t) = w^T \sum w$$

$$= (\sum\nolimits_{11} + \sum\nolimits_{22} - 2\sum\nolimits_{12})w^2 - 2(\sum\nolimits_{11} - \sum\nolimits_{12})w + \sum\nolimits_{11} \qquad (6.47)$$

显然，$a = \sum\nolimits_{11} + \sum\nolimits_{22} - 2\sum\nolimits_{12}$，$b = -2(\sum\nolimits_{11} - \sum\nolimits_{12})$，$c = \sum\nolimits_{11}$。此时，最优解变成：

$$w_{MV}^* = -\frac{J_A}{J_{AA}A_n^2\Psi'\Psi + b}A_n m - \frac{1}{J_{AA}A_n^2\Psi'\Psi + b}A_n\Psi'\Omega_r J_{rA}$$

$$- \frac{J_A}{J_{AA}A_n^2\Psi'\Psi + b}J_{AA}A_n^2\Psi'\Phi - \frac{b}{J_{AA}A_n^2\Psi'\Psi + b} \qquad (6.48)$$

在此条件下，最优解多了对冲投资组合风险项。与此同时，其他项的系数也得到了调整。以上金融数学模型就是养老保险基金动态最优资产配置的理论表达式，它将为养老保险基金动态最优风险管理提供一定的理论基础。

第七章

研究结论及政策建议

在宏观经济动态运行中，社会保障制度的建立与发展对世界各国社会经济稳定和可持续发展发挥了重要的保护作用。社会养老保险作为社会保障制度的重要支柱，其政策目标主要是为进入退休期的老年人口提供基本生活保障，实现消费平滑和有效规避老年贫困风险。但是，宏观经济波动和人口老龄化将对养老保险制度构成严重的负面影响，最主要的问题是养老保险基金长期收支平衡和公共财政可持续性受到严重冲击，养老金面临支付不足和养老金替代率下降的潜在风险。在这种情况下，加强养老保险基金投资运营和提高投资回报是人口老龄化背景下世界各国养老金制度改革和发展的重要政策选项。本书对新兴金融市场条件下的中国养老保险基金投资回报进行了比较深入的理论和实证研究，基本上实现了预期的研究目标并在实际研究过程中获得了比较满意的实证结果和研究结论。本书在研究中还有一些令人欣喜的新发现，例如，中国股票市场的回报率及其波动性可以根据较长时间序列数据进行拟合；基于随机最优控制理论和方法可以对养老保险基金投资进行动态最优资产配置等。这对未来关于养老保险基金投资领域相关问题的进一步扩展研究奠定了一定基础。

第一节　主要研究结论

养老保险基金投资运营关乎中国社会保障制度的有效运行，其真实回报率对社会经济的稳定和可持续发展都具有重要影响。养老保险基金作为中国广大城乡居民退休期的生活保障，加强投资运营并实现保值增值至关重要。在宏观经济动态运行中，中国要立足国情和社会经济发展现实，在借鉴国际成功实践的基础上，逐步提高金融市场成熟度并进行体制机制创新，建立更符合中国金融市场发展状况的养老保险基金投资运营机制。在金融市场处在上升期的发展阶段，投资回报与风险管理是衡量养老保险基金在金融市场中进行资产配置的两个基础要素。因此，在初期设计养老保险基金投资模式时，应设置整个投资期限内的最低回报率，也就是通过固定投资率，把养老保险基金投资组合波动性及其风险控制在一定范围内。在实际模型中，区别于受限或者所受约束为线性或二次型函数。在案例分析中，运用门槛接受法（TA 法）设置大量随机解，以便为每个解选择临近值并获取门槛值。这将为养老保险基金投资组合最优化提供实际解决方案。养老保险基金投资将面临各种市场风险，包括随机溢价风险、负债风险、利率风险和通货膨胀风险等。政府机构或投资机构在进行投资决策时，需要充分考虑投资机会集的动态性和随机性，充分利用动态最优资产配置来对冲各种市场风险。

根据中国金融市场发展现状及其特征，本书针对不同的投资政策偏好和政策目标，考虑若干不同市场环境及其参数变化，对养老保险基金最优投资组合模型的构建与求解进行了深入研究。在理论研究基础上，本书建立了大量规范且容易进行数学处理的金融数学模型，主要包括均值方差模型、风险收益模型、资产组合配比模型和投资组合测度模型等。在理论和金融数学模型基础上，基于风险回报均衡，对中国养老保险基金投资组合及其回报率进行了实证分析。此外，根据不同的理论模型，本书考虑了不同的目标函数和技术路线，对养老保险基金投资组合最优化的价值函数和最优投资决策进行了理论推导和实证分析，不仅提出了金融数学方程，而且也给出了相应的解析解。

在国内外已有研究成果的基础上，本书在研究上主要进行了两方面创新：一是提出了有限市场理论假说，根据有限市场理论假说对中国、俄罗斯和印度等新兴市场国家的金融市场机制进行了理论分析，在此基础上提出了基于有限市场假说的养老保险基金投资选择理论。显然，这一理论表明新兴市场国家的养老保险投资政策不能直接照搬欧美和日本等发达经济体的成熟市场经验，必须也只能做出符合新兴金融市场发展状况与特征的合理政策选择，其中的关键是在初期资本市场发展不成熟的情况下，养老保险基金投资应以风险控制为第一要素，并设计最低回报率水平确保养老保险基金不贬值；在中长期，随着资本市场的成熟与发展，养老保险基金投资应考虑借鉴发达国家的经验，设计提高回报率的最优投资组合并实现与海外市场接轨以提高投资效率。养老保险基金投资在初期和中长期随金融市场发展的成熟度呈台阶式发展规律，是本书在理论研究上的最大发现。二是在理论基础上利用金融数学模型方法构建了新兴金融市场条件下的中国养老保险基金投资组合模型，并对回报率变化进行了实证分析。与国内外已有研究成果不同的是本书的模型考虑到马科维茨均值方差投资组合模型的缺陷，进行了修正式设计并尝试利用多种方法（如 Rachev 比率模型、VaR 模型、系统动力学模型等）进行交叉和协同研究，以便对养老保险基金投资组合和回报率的金融数学模型及实证结果进行实证分析和相互印证。在理论和实证结果基础上，本书主要获得以下一些发现和研究结论：

（1）在宏观经济波动和人口老龄化等因素的影响下，养老保险基金面临比较严重的收支缺口和长期支付不足的风险。在这种情况下，养老保险基金投资就不是一个可有可无的政策选项。从政府的角度来说，促进金融市场健康发展并进行体制机制创新，强化养老保险基金投资和提高真实回报率是完全必要的。因此，加快金融市场发展并进行金融体制改革，推动养老保险基金市场化、专业化和多元化投资并逐步提高投资回报水平是今后政府宏观经济改革的重点内容之一。

（2）根据分散投资、投资组合和风险规避理论，基于风险—收益均衡，养老保险基金投资组合仍是中国养老保险基金最基础的政策模式。养老保险基金规模庞大，在金融市场进行投资运营时，金融市场投资工具较少并缺乏与之相配套的风险对冲机制，这不仅导致基金投资回报率受限，而且也客观上增加了投资风险。现阶段，普通债券回报率维持在比较稳定的水平且差异不大。但是，普通债券与股票相比，回报率差异显著。从长期来看，股票与债券（包括国债和企业债券）仍然是中国养老保险基金最主要的投资工具，在此基础上再选择基本建设投资和房地产投资等进行合理的资产配置是投资组合的基本模式。中国金融市场经常会出现波动率凝聚变化，即投资回报的高波动率和低波动率的周期性变化。长期来看，养老保险基金投资较理想的投资方式仍然是在金融市场上进行合理的资产配置，采取多元化的投资方式来有效应对市场波动风险。

（3）根据本书的实证分析，在金融市场没有其他可替代的低风险资产时，政府债券是最稳妥的投资工具，但其缺点是真实投资回报率水平相对较低。在不同的风险厌恶系数情况下，通过配置 DC 模式养老金在股票和债券两种资产上的不同投资份额，可以获得风险收益比较高的投资组合。在不同实际投资限制条件下，可以进行债券和股票的最优配比，基于风险厌恶系数可以调高高风险资产的配比。根据投资组合的实证结果发现，养老保险基金投资股票大约可获得 10% 的回报率，但是其方差也较大，这说明目前股票投资风险较高。本书的实证结果表明，在目前金融市场条件下，养老保险基金投资股票资产的份额不能突破30%。这与本书提出的有限市场条件下养老保险基金投资选择理论的政策含义相吻合，也为目前中国养老保险基金投资运营政策的比例限制规定提供了实践依据。

（4）本书将均值方差模型和风险收益模型相结合，计算并讨论了养老保险基金投资组合的最优化问题。在风险收益投资组合的最优化模型中，本书使用广义 Rachev 比率作为测量投资组合风险收益表现的目标函数，并应用门槛接受算法求解非线性最优化问题。本书应用风险收益模型对选取的深圳交易所近 200 只股票，在适当的约束条件下计算最优投资组合。在不同的风险收益比指数条件下，根据风险收益模型计算中国各行业股票所占的权重。实证结果表明，制造业的股票权重处于领先地位，这一方面跟制造业股票的数量较多有关，另一方面也与中国制造业在此期间的稳健发展和企业绩效提升有关。金融行业股票占比也相对较大，这说明金融行业具有较高的风险收益比。这为养老保险基金投资组合（股票、债券、银行存款和其他资产）的政策选择提供了实证依据。

（5）在宏观经济动态运行中，中国的养老保险基金市场化投资运营不可避免地面临多种投资风险，主要包括系统性风险、非系统性风险和背景风险。根据本书的实证研究发现，VaR 和 ES 可作为中国养老保险基金投资组合风险测度的分析工具，并可以利用参数和非参数统计方法进行案例分析。考虑到养老保险基金投资时间长，其投资的金融资产回报波动率变化明显，本书利用 GARCH 时间序列模型对金融资产波动率进行估计以校正收益率和 VaR 的估计值。此外，应用极值理论估计（Hill 估计量）回报率分布的尾部特征，能够更精确地计算养老保险基金资产的 VaR。在考虑负债的情况下，养老保险基金的风险测度可采取养老保险基金相对盈余的风险测度方法。

（6）中国作为新兴市场经济体，金融市场的利率传导机制相对较弱，而且利率演化过程具有较为明显的均值反转特征。本书提出一种随机最优投资组合模型，对利率的演化过程及其对投资组合的影响进行实证分析。本书提出的 SOPM 模型根据中国新兴金融市场的发展状况及特征进行设计，具有以下与其他模型不同的特点。一是利用 CIR 平方根过程替代 OU 过程作为利率模型，产生相应的债券动力学过程；二是利用 CPI 代表通货膨胀风险，在 SOPM 中研究利率和股市指数对 CPI 的潜在影响，并忽略了工资增长率的影响。在应用随机控制理论进行实证研究的基础上，本书还提出了养老保险基金投资的动态最优投资组合的理论表达式。

（7）养老保险基金投资时间周期一般较长，宏观经济波动可能会导致通货膨胀率的上升，这给养老保险基金保值增值带来了潜在的负面影响。因此，通货膨胀风险是养老保险基金投资中最重要的风险测量指标。本书根据物价指数（CPI）的随机微分方程并利用时间序列数据进行分析发现，中国 CPI 显著偏离正态分布，而对数 CPI 更接近正态分布且与股票对数收益率分布接近。利用 ARIMA 时间序列分析方法对 CPI 时间演化过程建模，能够较好地拟合对数 CPI 的时间演化过程。根据 CPI 的动态演化过程，可以对中国养老保险基金投资过程中的通货膨胀风险进行跟踪分析并采取合适的宏观经济政策进行风险预防，有效避免通货膨胀率上升对养老保险基金投资造成的资产损失。

第二节　提高养老保险基金投资回报的政策建议

根据中国金融市场发展状况及未来趋势，基于养老保险基金投资组合模型及其回报率的理论与实证研究结果，本书提出下列提高养老保险基金投资回报的相关政策建议。

一、加快建立养老保险基金投资运营的市场化机制

从促进养老保险基金长期收支均衡和制度运行优化及其与社会经济良性互动发展的政策目标出发，加快建立市场化、专业化和多元化的养老保险基金投资运营机制。中国养老保险基金在 2018 年初已实行中央调剂金制度，从建立基本养老保险基金中央调剂制度起步，通过转移支付和中央调剂基金在全国范围内进行补助和调剂，后续应在此基础上尽快实现全国统筹。实现养老保险基金全国统筹是建立全国养老保险基金统一集中管理和投资运营机制的重要基础。一方面有助于提高收益和平衡各地差异，另一方面有助于降低养老保险基金支付风险。在此基础上，政府应成立专门的养老保险基金管理机构，专门负责养老保险基金的管理和投资运营，建立市场化和专业化的养老保险基金投资管理流

程。在养老保险基金市场化投资运营过程中，面向符合条件的投资机构，采用招投标方式进行最优选择。具体可借鉴国外社会保障基金对投资机构的筛选方式，利用市场竞争机制，根据信用等级和管理绩效等指标的考核评估，选择多家不同性质的投资机构进行养老保险基金投资。一方面分散养老保险基金投资风险，另一方面形成公平的市场竞争机制，提高投资效率和长期投资回报水平。各专业投资管理机构全权负责养老保险基金的市场投资，而政府相关部门和指定的养老保险基金监管机构进行定期监督检查，以保证养老保险基金投资在正常轨道上有序运行。

二、基于金融市场成熟度优化投资组合并逐步提高投资回报

养老保险基金投资不仅是养老保险制度本身运行优化的根本要求，也是金融市场进一步成熟和发展的重要推动力量。欧美和日本等发达国家的发展经验表明，养老保险基金投资运营对金融市场的发展产生较大的挤进效应，即养老保险基金有助于通过与金融市场发展的双向互动，进一步推动金融市场的有序和健康发展，并能够大幅提高金融市场机制的成熟度。因此，结合中国新兴金融市场发展实际，考虑到股票市场正处在发育和发展之中，应建立初期和中长期台阶式养老保险基金投资运营机制。在养老保险基金市场化投资运营初期，金融市场不成熟、养老保险基金投资工具较少，投资机构市场化和专业化水平较低，养老保险基金投资风险较高。因此，在政策设计上主要以确保养老保险基金安全为主，明确规定最低回报率水平（如以同期平均物价指数为参考标准）并确保养老保险基金保值增值和不贬值。在投资组合政策设计上，应以政府债券为主体，形成短期现金、银行存款与股票等多种投资工具的合理配置。初期股票投资份额应控制在30%以下，并根据行业发展状况进行股票的最优资产配置。在中长期，伴随社会经济发展和金融市场的逐步发展壮大，养老保险基金投资发展到第二个台阶。此时，应借鉴发达国家的发展经验，养老保险基金在资产配置上应基于风险—收益均衡

适当向高风险资产倾斜，即提高股票高风险资产配置的比例。在中长期，养老保险基金投资组合应加强市场化、专业化和多元化设计，选择最优的投资组合政策并能进行投资过程的控制和反馈调整，确保养老保险基金的投资安全并尽可能地消除市场噪声。根据欧美和日本等发达国家的经验，在证券市场机制成熟时，养老保险基金投资股票市场的比例可以提高到30%以上。本书经过理论研究发现，中国养老保险基金投资股票市场的适度水平为40%~60%。因此，根据中国金融市场特别是股票市场的发展状况，政府委托国内外专业投资机构进行评估，合理确定养老保险基金投资股票市场的合理份额。在此基础上，通过公开招标和委托专业评估机构进行信用和绩效等级评估，选择合适的专业投资机构进行养老保险基金投资，通过市场公平竞争，提高养老保险基金市场化和专业化投资水平并提高长期回报率。

三、根据风险收益水平拓展养老保险基金投资渠道

中国养老保险基金投资运营应在控制风险的基础上，以长期投资和提高投资回报率为导向，推动养老保险基金投资的市场化进程，拓宽养老保险基金的投资范围并逐步提高投资回报率。现阶段，由于新兴金融市场特别是股票市场发展不成熟，养老保险基金投资主要以政府委托为主，尚未形成完全竞争的市场机制。这不仅严重制约了投资回报率的提高，而且也无形之中扩大了市场投资风险，如行政管理黑洞、虚假信息与暗箱操作、贿赂经营等。养老保险基金投资限制比例严格，投资范围窄，主要以银行存款和国债的资产配置方式为主，过于单一和保守，回报率偏低而难以实现资金的保值增值。从整体上难以实现养老保险基金投资运营初期第一个台阶的政策目标。因此，现阶段应在保证安全性和最低收益率的基础上，加快养老保险基金的市场化投资进程，规范养老保险基金投资管理体制，完善市场化和专业化投资运营渠道，培养养老保险基金投资和管理的专门人才，提高市场化和专业化管理水平。此外，养老保险基金投资应逐步拓展投资渠道，如增加部分权益投资以分

享资本市场的红利。在股票资产配置中，提高风险收益比较高的制造业和金融业的股票份额。养老保险基金还应直接投资于实体经济，在金融资产配置中增加不动产、基础设施建设等领域的投资。根据欧美和日本等发达国家的经验，从中长期的发展视域，养老保险基金扩大海外市场投资也是提高长期投资效率并有效规避市场波动风险的重要政策选择。

四、创新金融投资工具和强化风险管理并提高投资效率

养老保险基金投资组合包括风险资产和无风险资产，其中，风险资产价格波动在很大程度影响了养老保险基金的投资灵活性。风险资产几何波动越小，其配置阈值越高，此时投资组合的灵活性也越高。因此，建议合理利用金融衍生品进行投资以提高资金灵活性和利用效率。金融衍生品有利于对冲通货膨胀等市场风险，缓解人口老龄化带来的养老金支付压力并实现其保值增值。国内外研究成果表明，股票是高风险和高收益的投资工具，并成为提高养老保险基金回报率的重要途径。在中国新兴市场条件下，养老保险基金投资股票市场，虽然投资回报率较高，但也存在较大的投资风险。因此，中国养老保险基金投资股票市场大体上需要经过从第一个台阶（投资比例限制，≤30%）向第二个台阶（开放投资比例限制，40%~60%）迈进的过程。在此过程中，金融市场的成熟发展是基础，同时还需要制定合适的宏观政策调控机制。一是逐步建立完善的金融市场运行机制，由于单纯的金融市场机制并不是万能的，可能存在市场失灵，政府需要合理利用"看得见的手"来弥补金融市场运行机制的不足。市场与政府的合理界定和共同作用，有利于形成养老保险基金投资运营的市场化成熟运行机制。二是充分利用大数据、决策树和人工智能技术等高科技手段，为养老保险基金投资决策和市场化管理过程提供技术支持，通过优化投资组合来提高长期投资回报率并有效分散和化解市场投资风险。高科技在养老保险基金投资和风险管理中的实际应用，不仅能够促进政府加强养老保险基金投资科学决策和管理、提高行政效率，而且还能够大幅提高养老保险基金投资运营的

市场监督和风险管理水平，提高养老保险基金市场化投资的安全性。此外，政府应通过市场激励政策促进养老保险基金投资管理专业化机制的形成，促进专业化的投资机构发展并逐步扩大金融市场专业化投资机构的数量，形成完全竞争的市场机制。与此同时，政府应制定金融市场投资专业人才的高等教育、职业教育及培训机制，培养一大批与国际接轨的专业化金融市场投资技术人才和管理人才，进一步提高养老保险基金投资的市场化和专业化水平。

五、全面构建养老保险基金投资与金融市场良性互动发展机制

根据本书的研究，养老保险基金有效投资运营及逐步提高投资回报需要两个最重要的前提条件。一是金融市场成为完全竞争市场，即满足市场公平、政策公平和有效市场三个基本条件，形成成熟化的发展机制；二是政府通过蒙代尔提出的宏观经济政策有效配置，形成与金融市场相协调的养老保险基金投资政策机制。在新兴市场条件下，中国养老保险基金市场化投资面临有限市场的约束，导致市场化投资进程缓慢并导致长期投资回报偏低。在这种情况下，全面构建养老保险基金投资与金融市场良性互动的发展机制至关重要。一方面，通过养老保险基金投资推动金融市场的繁荣与发展并促进成熟市场机制的形成；另一方面，金融市场成熟度的提高将反哺养老保险基金市场化投资运营，并有助于通过专业化和多元化的投资运营逐步提高投资回报率。在宏观经济动态运行中，实现这一政策目标是一个长期的系统过程，需要政府和市场双管齐下才能完成。第一，政府需要进行金融市场和养老保险基金投资的体制机制创新。一方面，建立企业完全竞争的市场机制，促进金融市场转化为有效市场；另一方面，通过财政政策和货币政策等的有效配置构建有效市场运行机制，根据政府与市场的划分边界对金融市场进行合理规制，提高金融市场的有效性和成熟度。第二，加快推进养老保险基金市场化投资进程，通过养老保险基金在金融市场的大规模投入和资产的

合理配置与流动，刺激金融市场的发展并提高金融市场的活动度。这需要政府加快养老保险基金市场化投资的体制机制创新，实施市场化和专业化的养老保险基金投资管理政策机制。例如，养老保险基金市场化投资借鉴欧美和日本等发达国家的成功模式，对投资流程和市场监管进行集中统一的专业化管理。现行的政府委托投资模式应尽快改革为完全市场竞争模式，建立专门的养老保险基金投资运营管理机构，通过完全市场竞争选择最优投资机构或基金公司负责投资运营，政府机构、工会、企业和相关利益者代表等组成的监管机构负责市场监管，确保投资运营在正常轨道上运行。第三，政府通过市场激励政策促进金融投资机构或基金管理公司进入金融市场并通过公平的市场竞争机制健康发展。在这一过程中，政府只负责制定政策和对市场进行合理有效的规制，而养老保险基金市场化投资则由符合条件的企业来完成，逐步形成完全竞争的有效金融市场机制，从而促进养老保险基金与金融市场的良性互动发展，为提高养老保险基金投资回报率奠定良好基础。

参 考 文 献

［1］［美］埃德温·J. 埃尔顿、马丁·J. 格鲁伯、斯蒂芬·J. 布朗、威廉·N. 戈茨曼:《现代投资组合理论和投资分析》,王勇、隋鹏达译,机械工业出版社 2017 年版。

［2］［美］奥利维尔·琼·布兰查德、斯坦利·费希尔:《宏观经济学(高级教程)》,刘树成等译,经济科学出版社 1998 年版。

［3］陈加旭、张力:《行为因素对养老基金投资组合选择的影响分析》,载《统计与决策》2013 年第 11 期。

［4］陈婷、熊军、赵杨:《经济周期与养老基金战术资产配置研究》,载《生产力研究》2011 年第 6 期。

［5］陈婷、赵杨、熊军:《中国养老基金战略资产配置实证分析》,载《宏观经济研究》2011 年第 10 期。

［6］陈学华、韩兆洲、唐珂:《基于 VaR 和 RAROC 的保险基金最优投资研究》,载《数量经济技术经济研究》2006 年第 4 期。

［7］陈志国、杨甜婕、张弛:《养老基金绿色投资组合分析与投资策略》,载《保险研究》2014 年第 6 期。

［8］楚鹰、张青:《社保基金投资组合的国际比较与选择》,载《统计与决策》2002 年第 5 期。

［9］崔玉杰、李从珠:《风险管理技术(VAR)在养老保险基金管理中的运用》,载《数理统计与管理》2003 年第 4 期。

［10］［美］E. 罗伊·温特劳布:《经济数学》,王宇等译,经济科学出版社 2000 年版。

［11］［英］大卫·布莱克:《养老金金融学》,尹隆、王蒙译,机

械工业出版社 2014 年版。

[12] 戴玉林：《马科维兹模型的分析与评价》，载《金融研究》1991 年第 9 期。

[13] 邓名流、姚海祥：《关于国际成熟养老基金投资管理模式的对比研究及其对我国的启示》，载《齐齐哈尔大学学报（哲学社会科学版）》2016 年第 12 期。

[14] 邓亚强：《基本养老保险基金入市的必要性和可行性分析》，载《中国市场》2016 年第 29 期。

[15] 丁怡、邓大松：《构建我国基本养老保险基金投资最低收益担保制度的思考》，载《湖北社会科学》2016 年第 6 期。

[16] 段玉娟、史本山：《TIPP 投资组合保险策略的实证检验》，载《西南交通大学学报（社会科学版）》2008 年第 2 期。

[17] 范小云：《金融结构变革中的系统性风险分析》，载《经济学动态》2002 年第 12 期。

[18] ［英］高顿·L. 克拉克：《养老金基金管理与投资》，洪铮译，中国金融出版社 2008 年版。

[19] ［美］高山晟：《经济学中的分析方法》，刘振亚译，中国人民大学出版社 2001 年版。

[20] 耿志民：《养老保险基金与资本市场》，经济管理出版社 2000 年版。

[21] 苟小菊、王世雷：《通货膨胀率和股票收益率的相关性的实证研究——基于马尔可夫转换模型》，载《北京理工大学学报》2009 年第 4 期。

[22] ［美］古扎拉蒂：《计量经济学》，中国人民大学出版社 2000 年版。

[23] 谷爱玲、李仲飞、曾燕：《Ornstein – Uhlenbeck 模型下 DC 养老金计划的最优投资策略》，载《应用数学学报》2013 年第 4 期。

[24] 郭磊、陈方正：《基于 CRRA 效用函数的企业年金最优个体投资策略》，载《同济大学学报（自然科学版）》2008 年第 3 期。

[25] 郭席四、陈伟诚:《分账制下基本养老保险个人账户基金投资研究》,载《中国软科学》2005年第10期。

[26] 韩立岩、王梅、尹力博:《养老基金战略性资产配置研究》,载《中国软科学》2013年第9期。

[27] 何德旭、吴伯磊、谢晨:《系统性风险与宏观审慎监管:理论框架及相关建议》,载《中国社会科学院研究生院学报》2010年第6期。

[28] 胡继晔:《社保基金投资资本市场的收益——风险研究》,载《经济理论与经济管理》2007年第9期。

[29] 胡继晔:《社保基金投资资本市场:理论探讨、金融创新与投资运营》,中国社会科学院研究生院2003年博士学位论文。

[30] 胡倩:《转型经济中的证券投资基金绩效研究》,载《复旦学报(社会科学版)》2006年第3期。

[31] 胡宗义、张杰:《我国开放式基金业绩评价的实证研究——基于VaR的业绩评价方法与三大经典评价方法的比较分析》,载《财经理论与实践》2007年第3期。

[32] 黄益平:《防控中国系统性金融风险》,载《国际经济评论》2017年第5期。

[33] [美]基思·布朗、赖利:《投资分析与组合管理》,涂红译,机械工业出版社2010年版。

[34] [英]加雷斯·D.迈尔斯:《公共经济学》,匡小平译,上海财经大学出版社2001年版。

[35] 康书隆、王志强、闵昊:《中国养老基金资产跨期最优配置研究》,载《投资研究》2014年第12期。

[36] [美]考斯塔·艾斯平-安德森:《福利资本主义的三个世界》,郑秉文译,法律出版社2003年版。

[37] [美]科林·吉列恩:《全球养老保险——改革与发展》,杨燕绥等译,中国劳动社会保障出版社2002年版。

[38] [美]劳伦斯·克莱因:《经济理论与经济计量学》,首都经

济贸易大学出版社 2001 年版。

[39] 李辉：《养老基金投资运营的国际比较》，载《中国人力资源社会保障》2013 年第 8 期。

[40] 李文浩、王佳：《国内外养老保险基金运用比较分析及我国养老保险基金的投资选择》，载《人口与经济》2005 年第 1 期。

[41] 李向军：《我国社保基金投资管理问题研究》，财政部财政科学研究所 2010 年博士学位论文。

[42] 李兴奇、王汉权、干文：《基于时间加权历史模拟法的 VaR来构建最优投资组合》，载《统计学与应用》2014 年第 3 期。

[43] 李耀：《企业年金基金投资：基于理论模型和实践经验的研究》，载《商业经济与管理》2007 年第 1 期。

[44] 李毅、周仙：《智利养老保险基金对资本市场的推动作用》，载《拉丁美洲研究》2006 年第 6 期。

[45] 李湛：《养老保险基金与资本市场的互动关系的理论和实证研究》，载《金融与经济》2007 年第 5 期。

[46] 李珍、刘子兰：《我国养老基金多元化投资问题研究》，载《中国软科学》2001 年第 10 期。

[47] 李珍：《论建立基本养老保险个人账户基金市场化运营管理制度》，载《中国软科学》2007 年第 5 期。

[48] 李珍：《社会保障理论（第二版）》，中国劳动社会保障出版社 2007 年版。

[49] 梁勇、费为银、姚远浩等：《通胀和奈特不确定下的养老金最优投资研究》，载《工程数学学报》2015 年第 3 期。

[50] 刘富兵、刘海龙、周颖：《内部收益保证下养老基金的最优资产配置》，载《上海管理科学》2008 年第 4 期。

[51] 刘富兵、刘海龙、周颖：《养老基金最低收益保证制度下的最优资产配置——来自中国 1998 – 2008 年数据的模拟分析》，载《财经研究》2008 年第 9 期。

[52] 刘海龙：《养老基金动态资产配置研究评述》，载《系统管理

学报》2011 年第 1 期。

[53] 刘慧宏、李子凡：《社保基金分账户组合投资策略》，载《中国软科学》2017 年第 4 期。

[54] 刘莉亚：《新兴市场国家》，上海财经大学出版社 2004 年版。

[55] 刘渝琳、李俊强：《基于均值–VaR 模型社保基金最优投资组合的构建》，载《广东商学院学报》2008 年第 3 期。

[56] 刘渝琳、周桥：《基于市场化运营方式的养老保险基金最优资产配置效率与模拟》，载《财经论丛》2013 年第 6 期。

[57] 柳清瑞：《养老基金投资的不确定性与投资组合分析》，载《人口学刊》2005 年第 1 期。

[58] 柳清瑞：《中国养老金替代率适度水平研究》，辽宁大学出版社 2004 年版。

[59] 卢驰文：《统筹建立基本养老保险与全国社会保障基金投资运营制度》，载《财政研究》2014 年第 3 期。

[60] 卢学法、严谷军：《证券投资基金绩效评价实证研究》，《南开经济研究》2004 年第 5 期。

[61] [美] 罗伯特·S. 平狄克、丹尼尔·L. 鲁宾费尔德：《计量经济模型与经济预测》，钱小军等译，机械工业出版社 2000 年版。

[62] [美] 罗伯特·霍尔茨曼、理查德·欣茨：《21 世纪的老年收入保障：养老金制度改革国际比较》，郑秉文、黄念译，中国劳动社会保障出版社 2006 年版。

[63] 米红、方锐帆、朱晓晓：《养老保险基金投资组合的国际比较与实证分析——兼谈我国农保基金投资股票的可行性》，载《统计与决策》2007 年第 24 期。

[64] 穆怀中、柳清瑞：《中国养老保险制度改革关键问题研究》，中国劳动社会保障出版社 2006 年版。

[65] 穆怀中：《中国社会保障适度水平研究》，辽宁大学出版社 1998 年版。

[66] 南天凤：《国外养老金的管理、投资对我国的启示——从投

资角度分析》，载《当代经济》2016 年第 6 期。

[67]［英］尼古拉斯·巴尔：《福利国家经济学》，郑秉文、穆怀中等译，中国劳动社会保障出版社 2003 年版。

[68] 彭晓洁：《我国资本市场长期投资者投资策略优化》，载《江西社会科学》2016 年第 1 期。

[69]［美］塞尔焦·M. 福卡尔迪、弗兰克·J. 法博齐：《金融建模与投资管理中的数学》，龙永红、何宗炎译，中国人民大学出版社 2011 年版。

[70] 沈澈、邓大松：《个人账户基金投资运营路径设计：基于全国社保基金成功经验的借鉴意义》，载《东北大学学报》2013 年第 3 期。

[71] 石学芹、费为银、胡慧敏等：《奈特不确定环境下固定供款型养老基金最优投资策略》，载《中国科学技术大学学报》2014 年第 3 期。

[72] 孙永勇、李珍：《中国社会养老保险基金政策性资产分配的决策模型》，载《统计与决策》2006 年第 9 期。

[73] 唐大鹏、王丽娟：《我国社保基金入市投资选择研究——基于股票投资增持策略的分析》，载《价格理论与实践》2015 年第 7 期。

[74] 唐大鹏、杨紫嫣、翟路萍：《社保基金投资组合的定价效率和投资风险研究——基于股价同步性的实证检验》，载《经济理论与经济管理》2014 年第 9 期。

[75] 唐大鹏、翟路萍：《中国社保基金投资组合可以降低投资风险吗？》，载《经济管理》2014 年第 3 期。

[76] 万解秋、贝政新、黄晓平：《社会保障基金投资运营研究》，中国金融出版社 2003 年版。

[77] 王聪：《证券投资基金绩效评估模型分析》，载《经济研究》2001 年第 9 期。

[78] 王健俊：《基于 VaR 模型的养老保险基金投资研究》，浙江大学 2007 年硕士学位论文。

[79] 王孟霞、赵明清、吕东东：《基于模糊收益率的养老保险基金投资研究》，载《经济数学》2014 年第 1 期。

[80] 王守法：《我国证券投资基金绩效的研究与评价》，载《经济研究》2005 年第 3 期。

[81] 王小华：《我国社保基金投资组合优化模型研究》，载《现代管理科学》2012 年第 11 期。

[82] 王晓军：《中国养老保险制度及其精算评价》，经济科学出版社 2000 年版。

[83] 王悦、徐少君：《中国系统性金融风险研究评述——基于科学知识图谱视角》，载《浙江理工大学学报（社会科学版)》2018 年第 5 期。

[84] 魏晓琴、靳文秀、路竹青：《全国社会保障基金股票投资组合绩效评价研究》，载《经济与管理》2013 年第 12 期。

[85] 向春华：《厘清基本养老保险基金投资的八大问题》，载《中国社会保障》2015 年第 8 期。

[86] 肖建武、尹少华、秦成林：《养老基金投资组合的常方差弹性（CEV）模型和解析决策》，载《应用数学和力学》2006 年第 11 期。

[87] 徐静、张波：《给付确定型养老金计划的动态最优控制》，载《自然科学进展》2006 年第 9 期。

[88] 徐丽梅、吴光伟：《引入流动性的证券投资组合模型构建与实证分析》，载《系统工程理论与实践》2007 年第 6 期。

[89] 英学夫：《基于 VaR 的中国社保基金投资业绩评价》，载《中南财经政法大学研究生学报》2007 年第 5 期。

[90] 杨波：《论社会保险基金的指数化投资策略》，载《当代经济》2004 年第 4 期。

[91] 杨朝军、陈浩武、杨玮沁：《长期投资者收益可预测条件下战略资产配置决策——理论与中国实证》，载《中国管理科学》2012 年第 3 期。

[92] 杨俊：《对养老保险个人账户基金投资管理模式的研究：建

立内部债务的投资机制》，载《社会保障研究（北京）》2013 年第 2 期。

[93] 杨秀玲、邸达：《国外养老金融业发展的经验及借鉴》，载《经济研究参考》2014 年第 52 期。

[94] 杨燕绥：《基本养老保险基金市场化投资是必然》，载《中国人力资源社会保障》2015 年第 9 期。

[95] 姚新颉：《基于 CVaR 风险度量的证券组合投资决策模型研究》，载《安徽理工大学学报：自然科学版》2004 年第 2 期。

[96] 姚余栋、王赓宇：《发展养老金融与落实供给侧结构性改革》，载《金融论坛》2016 年第 5 期。

[97] 叶燕程、高随祥：《缴费确定型企业年金最优投资策略研究》，载《中国科学院研究生院学报》2007 年第 2 期。

[98] 殷俊、李媛媛：《基于随机利率和通货膨胀的缴费确定型养老金计划最优资产配置策略》，载《当代经济科学》2013 年第 2 期。

[99] 余敏秀、费为银、吕会影：《模型不确定环境下最优动态投资组合问题的研究》，载《中国科学技术大学学报》2014 年第 3 期。

[100] 袁子甲、李仲飞：《参数不确定性和效用最大化下的动态投资组合选择》，载《中国管理科学》2010 年第 5 期。

[101] 岳公正、马红梅：《我国社会养老保险基金组合投资风险比较分析》，载《统计与决策》2018 年第 8 期。

[102] 岳公正、马红梅：《新加坡社会养老保险投资运营模式分析》，载《经济研究导刊》2016 年第 26 期。

[103] 张初兵、荣喜民：《仿射利率模型下确定缴款型养老金的最优投资》，载《系统工程理论与实践》2012 年第 5 期。

[104] 张丽芳、刘海龙：《基于内生流动性风险的证券组合调整策略》，载《管程工程学报》2009 年第 3 期。

[105] 张强、杨宜勇：《关于我国新〈基本养老保险基金投资管理办法〉的思考与展望》，载《现代管理科学》2016 年第 5 期。

[106] 张瑞纲、何泽莉：《我国社会养老保险基金的投资运营问题研究》，载《区域金融研究》2015 年第 9 期。

[107] 张松：《养老基金与资本市场互动的理论与实证研究》，西南财经大学出版社 2006 年版。

[108] 张兴：《中国养老保险基金不同资产投资收益分析》，载《经济与管理》2011 年第 4 期。

[109] 章萍：《养老保险基金指数化投资策略研究——基于资本市场良性发展视角》，载《经济体制改革》2013 年第 4 期。

[110] 赵静盟、杨辉：《基于现代投资理论的养老保险基金投资组合分析》，载《新经济》2016 年第 12 期。

[111] 郑秉文、房连泉：《智利养老金改革 25 周年：养老金投资与资本市场》，载《国际经济评论》2006 年第 6 期。

[112] 郑秉文：《建立社保基金投资管理体系的战略思考》，载《公共管理学报》2004 年第 4 期。

[113] 郑秉文：《社会保险基金投资体制"2011 改革"无果而终的经验教训与前景分析》，载《辽宁大学学报（哲学社会科学版）》2014 年第 5 期。

[114] 郑秉文：《中国养老金发展报告 2011》，经济管理出版社 2011 年版。

[115] 郑春荣：《我国基本养老保险基金投资管理的三个问题》，载《财政监督》2015 年第 4 期。

[116] 郑功成：《社会保障学》，商务印书馆 2000 年版。

[117] 郑功成：《中国社会保障发展与发展战略——理念、目标与行动方案》，人民出版社 2008 年版。

[118] 郑静宜：《社保基金投资效率研究》，厦门大学 2009 年硕士学位论文。

[119] 钟仁耀：《养老保险改革国际比较研究》，上海财经大学出版社 2004 年版。

[120] 朱丹、程燕：《社会保险基金绩效评价指标权重设计》，载《中央财经大学学报》2008 年第 8 期。

[121] 祝献忠：《社保基金进入资本市场的风险收益实证分析》，

载《中央财经大学学报》2008 年第 6 期。

［122］［美］兹维·博迪、罗伯特·C. 莫顿：《金融学》，尹志宏译，中国人民大学出版社 2000 年版。

［123］宗庆庆、刘冲、周亚虹：《社会养老保险与我国居民家庭风险金融资产投资——来自中国家庭金融调查（CHFS）的证据》，载《金融研究》2015 年第 10 期。

［124］Aaron H. The social insurance paradox. *The Canadian Journal of Economics and Political Science*, Vol. 32, No. 3, 1966, pp. 371 – 374.

［125］Abel A B, Blanchard O J. An intertemporal model of saving and investment. *Econometrica*, Vol. 51, No. 3, 1983, pp. 675 – 692.

［126］Achi G U, Okafor J U. A constrained investment policy for defined contribution Pension Fund Management. *Journal of Mathematics Research*, Vol. 5, No. 2, 2013, pp. 6 – 14.

［127］Ahmad Z, Nor E. Pension fund performance in east Asia: a comparative study. *Eurasian Journal of Economics and Finance*, Vol. 3, No. 2, 2015, pp. 42 – 61.

［128］Almgren R, Chriss N. Optimal execution of portfolio transactions. *Journal of Risk*, No. 3, 2000, pp. 5 – 40.

［129］Andonov A, Bauer R, Cremers M. Pension fund asset allocation and liability discount rates. *Review of Financial Studies*, Vol. 30, No. 8, 2017, pp. 2555 – 2595.

［130］Andonov A, Kok N, Eichholtz P A. Global perspective on pension fund investments in real estate. *Journal of Portfolio Management*, Vol. 39, No. 5, 2013, pp. 32 – 42.

［131］Antoine B. Portfolio selection with estimation risk: a test-based spproach. *Journal of Financial Econometrics*, Vol. 10, No. 1, 2012, pp. 164 – 197.

［132］Ball L, Mankiw N G. Intergenerational risk sharing in the spirit of Arrow, Debreu, and Rawls, with applications to social security design.

Journal of Political Economy, Vol. 115, No. 4, 2007, pp. 523 – 547.

[133] Barberis N. Investing for the long run when returns are predictable. *Journal of Finance*, Vol. 55, No. 1, 2000, pp. 225 – 264.

[134] Barr N, Diamond P A. The economics of pensions. *Oxford Review of Economic Policy*, Vol. 22, No. 1, 2006, pp. 15 – 39.

[135] Battocchio P, Menoncin F. Optimal pension management in a stochastic framework. *Insurance: Mathematics and Economics*, Vol. 34, No. 1, 2004, pp. 79 – 95.

[136] Bawa V, Brown S, Klein R. *Estimation risk and optimal portfolio choice*. North Holland: Amsterdam, 1979.

[137] Beetsma R M W J, Bovenberg A L. Pensions and intergenerational risk-sharing in general equilibrium. *Economica*, Vol. 76, No. 302, 2009, pp. 364 – 386.

[138] Bekaert G, Harvey C R. Liquidity and expected returns: lessons from emerging markets. *The Review of Financial Studies*, Vol. 20, No. 5, 2007, pp. 1783 – 1831.

[139] Berkelaar A B, Kouwenberg R, Thierry P. Optimal portfolio choice under loss aversion. *Review of Economics and Statistics*, Vol. 86, No. 4, 2004, pp. 973 – 987.

[140] Biglova A, Ortobelli S, Rachev S T, et al. Different approaches to risk estimation in portfolio theory. *The Journal of Portfolio Management*, Vol. 31, No. 1, 2004, pp. 103 – 112.

[141] Bikker J A, Dreu J D. Operating costs of pension funds: the impact of scale, governance, and plan design. *Journal of Pension Economics & Finance*, Vol. 8, No. 1, 2009, pp. 63 – 89.

[142] Black F, Jones R W. Simplifying portfolio insurance. *The Journal of Portfolio Management*, No. 1, 1987, pp. 48 – 51.

[143] Black F, Perold A. Theory of constant proportion portfolio insurance. *Journal of Economics Dynamics and Control*, No. 16, 1992, pp. 403 – 426.

[144] Black F. Should you use stocks to hedge your pension liability? *Financial Analysts Journal*, Vol. 22, No. 1, 1989, pp. 10 – 12.

[145] Blake D. UK pension fund management after myners: the hunt for correlation begins. *Journal of Asset Management*, Vol. 4, No. 1, 2003, pp. 32 – 72.

[146] Blake D, Timmermann A, Tonks I, et al. Decentralized investment management: evidence from the pension fund industry. *Journal of Finance*, Vol. 68, No. 3, 2013, pp. 1133 – 1178.

[147] Blake D, Wright D, Zhang Y. Target-driven investing: optimal investment strategies in defined contribution pension plans under loss aversion. *Journal of Economic Dynamics & Control*, Vol. 37, No. 1, 2013, pp. 195 – 209.

[148] Blome S, Fachinger K, Franzen D, et al. Pension fund regulation and risk management: results from an ALM optimisation exercise. *OECD Working Papers on Insurance and Private Pensions*, No. 8, 2007.

[149] Bohner M. Discrete linear hamiltonian eigenvalue problems. *Computers & Mathematics with Applications*, Vol. 36, No. 10 – 12, 1998, pp. 179 – 192.

[150] Brennan M J, Xia Y. Dynamic asset allocation under inflation. *Journal of Finance*, Vol. 4, No. 1, 2002, pp. 1201 – 1238.

[151] Brinson G P, Beebower G L. Determinants of portfolio performance. *Financial Analysts Journal*, Vol. 42, No. 4, 1986, pp. 39 – 44.

[152] Brinson G P, Singer P D, Beebower G L. Determinants of portfolio performance II: an update. *Financial Analysts Journal*, Vol. 42, No. 4, 1991, pp. 40 – 48.

[153] Broadie W, Geotzmann M. Safety first portfolio insurance. *Ssrn Electronic Journal*, 2008.

[154] Campbell A, Huisman R, Koedijk K. Optimal portfolio selection in a Value-at-Risk framework. *Journal of Banking & Finance*, Vol. 25,

No. 9, 2001, pp. 1789 – 1804.

[155] Cardinale M, Katz G, Kumar J, et al. Background risk and pensions. *British Actuarial Journal*, Vol. 12, No. 1, 2006, pp. 79 – 134.

[156] Chen J S, Chang C H, Hou J L, et al. Dynamic proportion portfolio insurance using genetic programming with principal component analysis. *Expert Systems with Applications*, No. 35, 2008, pp. 273 – 278.

[157] Cont R, Tankov P. Constant proportion portfolio insurance in the presence of jumps in asset prices. *Mathematical Finance*, Vol. 19, No. 1, 2009, pp. 375 – 401.

[158] Cox J C, Ingersoll J E, Ross S A. A theory of the term structure of interest rates. *Econometrica*, Vol. 53, No. 1, 1985, pp. 385 – 407.

[159] Cremer H, Pestieau P. Reforming our pension system: is it a demographic, financial or political problem? *European Economic Review*, Vol. 44, No. 4, 2000, pp. 975 – 983.

[160] Davis E P. Pension fund management and international investment: a global perspective. *Pensions An International Journal*, Vol. 10, No. 3, 2005, pp. 236 – 261.

[161] Deelstra G, Grasselli M, Koehl P F. Optimal investment strategies in the presence of a minimum guarantee. *Insurance: Mathematics and Economics*, Vol. 33, No. 1, 2003, pp. 189 – 207.

[162] Diamond P A. National debt in a neoclassical growth model. *The American Economic Review*, Vol. 55, No. 5, 1965, pp. 1126 – 1150.

[163] Diamond P A. A framework for social security analysis. *Journal of Public Economics*, Vol. 8, No. 1, 1977, pp. 275 – 298.

[164] Disney R. Crises in public pension programmes in OECD: what are the reform options? *The Economic Journal*, Vol. 110, No. 461, 2000, pp. 1 – 23.

[165] Dowd K, Blake D, Cairns A. Long-term value at risk. *The Journal of Risk Finance*, Vol. 5, No. 2, 2004, pp. 52 – 57.

[166] Dutta J, Kapur P, Orszag J M. A portfolio approach to the optimal funding of pensions. *Economics Letters*, Vol. 69, No. 1, 2000, pp. 201 – 206.

[167] Dutta J, Kapur S, Orszag J M. How to fund pensions: income uncertainty and risk-aversion. *Birkbeck Economics Working Paper*, 1999.

[168] Dybvig P H, Wang Y J. Increases in risk aversion and the distribution of portfolio payoffs. *Journal of Economic Theory*, Vol. 147, No. 1, 2012, pp. 1222 – 1246.

[169] Elder E, Holland L. Social security reform: the effect of investing in equities. *Financial Services Review*, Vol. 9, No. 1, 2000, pp. 93 – 106.

[170] Fama E F, MacBeth J D. Risk, return, and equilibrium: empirical retsts. *The Journal of Political Economy*, Vol. 81, No. 3, 1973, pp. 607 – 636.

[171] Fama E F. Efficient capital markets: a review of theory and empirical work. *The Journal of Finance*, Vol. 25, No. 2, 1970, pp. 383 – 417.

[172] Fei W Y. Optimal consumption-leisure, portfolio and retirement selection based on α-maxmin expected CES utility with ambiguity. *Applied Mathematics: A Journal of Chinese University, Series B*, Vol. 27, No. 4, 2012, pp. 435 – 454.

[173] Feldstein M, Ranguelova E. Individual risk in an investment-based social security system. *American Economic Review*, Vol. 91, No. 4, 2001, pp. 1116 – 1125.

[174] Feldstein M. Social security and saving: new time series evidence. *National Tax Journal*, Vol. 49, No. 2, 1996, pp. 151 – 64.

[175] Feldstein M. Social security pension reform in China. *China Economic Review*, Vol. 10, No. 1, 1999, pp. 99 – 107.

[176] Flavinn T J, Wickensnn M R. Optimal international asset allocation with time-varying risk. *Scottish Journal of Political Economy*, Vol. 53,

No. 5, 2006, pp. 543 – 562.

[177] Friedman M, Savage L J. The utility analysis of choices involving risk. *The Journal of Political Economy*, Vol. 56, No. 4, 1948, pp. 279 – 304.

[178] Gallagher R B. Risk management: new phase of cost control. *Boston. Harvard Business Review*, 1956.

[179] Gârleanu N. Portfolio choice and pricing in illiquid markets. *Journal of Economic Theory*, Vol. 144, No. 1, 2009, pp. 532 – 564.

[180] Ghysels E, Pereira J P. Liquidity and conditional portfolio choice: a nonparametric investigation. *Journal of Empirical Finance*, Vol. 15, No. 1, 2008, pp. 679 – 699.

[181] Ghysels E, Santa – Clara P, Valkanov R. There is a risk-return trade-off after all? *Journal of Financial Economics*, Vol. 76, No. 1, 2005, pp. 509 – 548.

[182] Gibbons M R, Ross S A, Shanken J A. Test of the efficiency of a given portfolio. *Econometrica*, Vol. 57, No. 5, 1989, pp. 1121 – 1152.

[183] Gilli M, Schumann E. *Optimal financial decision making under uncertainty*. https://doi.org/10.1007/978-3-319-41613-7 _ 10: Springer, Cham, 2016, pp. 225 – 253.

[184] Gilli M, Schumann E. *Portfolio optimization with "Threshold Accepting"*. Optimizing Optimization, 2010, pp. 201 – 223.

[185] Gollier C. Intergenerational risk-sharing and risk-taking of a pension fund. *Journal of Public Economics*, Vol. 92, No. 1, 2008, pp. 1463 – 1485.

[186] Griffin M W. A global perspective on pension fund asset allocation. *Financial Analysts Journal*, Vol. 54, No. 2, 1998, pp. 60 – 68.

[187] Haberman S, Vigna E. Optimal investment strategies and risk measure in a defined contribution pensions schemes. *Insurance: Mathematics and Economics*, Vol. 31, No. 1, 2002, pp. 35 – 69.

[188] Haliassos M, Michaelides A. Portfolio choice and liquidity constraints. *International Economic Review*, No. 44, 2008, pp. 143 – 177.

[189] Hamid F S, Rangel G J, Taib F M, et al. The relationship between risk propensity, risk perception and risk-taking behaviour in an emerging market. *The International Journal of Banking and Finance*, Vol. 10, No. 1, 2013, pp. 134 – 146.

[190] Hart O. Some negative results on the existence of comparative static results in portfolio theory. *Review of Economic Studies*, Vol. 42, No. 1, 1975, pp. 615 – 622.

[191] Heaton J, Lucas D. Portfolio choice in the presence of background risk. *Economic Journal*, Vol. 110, No. 460, 2000, pp. 1 – 26.

[192] Hirshleifer J. On the theory of optimal investment decision. *Journal of Political Economy*, Vol. 66, No. 4, 1958, pp. 329 – 352.

[193] Ho L C, Cadle J, Theobald M. An analysis of risk-based asset allocation and portfolio insurance strategies. *Review of Quantitative Finance and Accounting*, Vol. 36, No. 1, 2011, pp. 247 – 267.

[194] Ho-Seok Lee, Yong Hyun Shin. An optimal portfolio, consumption-leisure and retirement choice problem with CES utility: a dynamic programming approach. *Journal of Inequalities & Applications*, No. 1, 2015, pp. 2 – 13.

[195] Hu J Y. An empirical approach on regulating China's pension investment. *European Journal of Law & Economics*, Vol. 37, No. 1, 2014, pp. 495 – 516.

[196] Hull J C, White A. One factor interest rate models and the valuation of interest rate derivative securities. *Journal of Financial and Quantitative Analysis*, Vol. 28, No. 1, 1993, pp. 235 – 254.

[197] Hull J C. *Options, futures, and other derivatives 5th ed.* PrenticeHall, Upper Saddle River, NJ: Pearson Education India, 2003.

[198] IMF. The challenge of public pension reform in advanced and

emerging economies. *IMF Policy Paper*, 2011, pp. 20 – 36.

[199] Jiang C, Ma, Y, An Y. The effectiveness of the VaR-based portfolio insurance strategy: an empirical analysis. *International Review of Financial Analysis*, Vol. 18, No. 1, 2009, pp. 185 – 197.

[200] Kahneman D, Tversky A. Prospect theory: an analysis of decision under risk. *Econometrica*, Vol. 47, No. 2, 1979, pp. 263 – 291.

[201] Kappen H J. *Stochastic optimal control theory*. ICML Helsinki tutorial, 2008.

[202] Lucas D J, Zeldes S P. How should public pension plans invest? *American Economic Review: Papers & Proceedings*, Vol. 99, No. 2, 2009, pp. 527 – 532.

[203] Markowitz H M. *Portfolio selection: efficient diversification of investments*. New York: John Wiley & Sons, 1959.

[204] Markowitz H M. Portfolio selection. *Journal of Finance*, Vol. 7, No. 1, 1952, pp. 77 – 91.

[205] Markowitz H M. Portfolio theory: as I still see it. *Annual Review of Financial Economics*, Vol. 2, No. 2, 2010, pp. 1 – 23.

[206] Melicherčík I, Szücs G, Vilček I. Investment strategies in defined-contribution pension schemes. *Acta Mathematica Universitatis Comenianae*, Vol. 84, No. 2, 2015, pp. 191 – 204.

[207] Merton R C. Intertemporal capital asset pricing model. *Econometrica*, Vol. 41, No. 5, 1973, pp. 867 – 887.

[208] Miles D. *Financial markets, ageing, and social welfare*. Inaugural Lecture, Imperial College, University of London, 1997.

[209] Mundell R A. The appropriate use of monetary and fiscal policy for internal and external stability. *IMF Economic Review*, Vol. 9, No. 1, 1962, pp. 70 – 79.

[210] Parra M P, Terol A B, UríA M R. A fuzzy goal programming approach to portfolio selection. *European Journal of Operational Research*,

Vol. 133, No. 2, 2001, pp. 287 – 297.

[211] Pennacchi G, Rastad M. Portfolio allocation for public pension funds. *Journal of Pension Economics & Finance*, Vol. 10, No. 2, 2011, pp. 221 – 245.

[212] Peskin M. Asset-liability management in the public sector. *Pension Research Council Working Papers*, 2001.

[213] Rehman F. Asset allocation for government pension funds in Pakistan: a case for international diversification. *The Lahore Journal of Economics*, Vol. 15, No. 1, 2010, pp. 127 – 151.

[214] Ross S A. The arbitrage theory of capital asset pricing. *Journal of Economic Theory*, Vol. 13, No. 3, 1976, pp. 341 – 360.

[215] Ruppert D, Matteson D S. *Statistics and data analysis for financial engineering with R examples 2nd ed.* New York: Springer, 2005.

[216] Samuelson P A. An exact consumption-loan model of interest with or without social contrivance of money. *Journal of Political Economy*, Vol. 66, No. 6, 1958, pp. 467 – 482.

[217] Senderski M. Assessing the strictness of portfolio-related regulation of pension funds: rethinking the definition of prudent. *The Macrotheme Review*, Vol. 3, No. 1, 2014, pp. 70 – 89.

[218] Sharpe W F. A simplified model for portfolio analysis. *Management Science*, Vol. 9, No. 2, 1963, pp. 277 – 293.

[219] Sharpe W F. Capital asset prices: a theory of market equilibrium under conditions of risk. *Journal of Finance*, Vol. 19, No. 3, 1964, pp. 425 – 442.

[220] Sharpe W F. Mutual fund performance. *Journal of Business*, Vol. 39, No. 1, 1966, pp. 119 – 138.

[221] Sortino F A, Meer R. Downside risk: capturing what's at state in investment situations. *Journal of Portfolio Management*, Vol. 17, No. 4, 1991, pp. 27 – 31.

［222］ Srinivas P S, Whitehouse E, Yermo J. Regulating private pension funds' structure, performance and investments: cross-country evidence. *Social Protection & Labor Policy & Technical Notes*, 2000, pp. 1 –41.

［223］ Tanaka H, Guo P J. Portfolio selection based on upper and lower exponential possibility distributions. *European Journal of Operational Research*, Vol. 114, No. 1, 1999, pp. 115 – 126.

［224］ The World Bank. *Old age security: pension reform in China, China 2020 Series*. Washington, DC: The World Bank, 1997.

［225］ Tobin J. Estimation of relationships for limited dependent variables. *Econometrica*, Vol. 31, No. 1, 1958, pp. 24 –36.

［226］ Treynor J L, Black F. How to use security analysis to improve portfolio selection. *The Journal of Business*, Vol. 46, No. 1, 1973, pp. 66 – 86.

［227］ Tversky A, Kahneman D. Advances in prospect theory: cumulative representation of uncertainty. *Journal of Risk and Uncertainty*, Vol. 5, No. 1, 1992, pp. 297 –323.

［228］ Vasicek O E. An equilibrium characterization of the term structure. *Journal of Financial Economics*, Vol. 5, No. 1, 1977, pp. 177 –188.

［229］ Vath V, Mnif M, Pham H. A model of optimal portfolio selection under liquidity risk and price impact. *Finance & Stochastics*, No. 11, 2007, pp. 51 –90.

［230］ Vigna E, Haberman S. Optimal investment strategy for defined contribution pension schemes. *Insurance: Mathematics and Economics*, Vol. 28, No. 1, 2001, pp. 233 –262.

［231］ Wagglea D, Moonb S. Expected returns, correlations, and optimal asset allocations. *Financial Services Review*, Vol. 14, No. 1, 2005, pp. 253 –267.

［232］ Whelan S F. Defining and measuring risk in defined benefit pension funds. *Annals of Actuarial Science*, Vol. 2, No. 1, 2007, pp. 54 –66.

[233] Winker P, Fang K T. Application of threshold-accepting to the evaluation of the discrepancy of a set of points. *SIAMJ. Numer. Anal*, Vol. 34, No. 5, 1997, pp. 2028 –2042.

[234] Zigrand J P. Systems and systemic risk in finance and economics. *LSE Research Online Documents on Economics*, Vol. 1, No. 1, 2014, pp. 1 –74.